KB202983

• 이제도 있고 전에도 있었고 •

장차 올 자
예수 그리스도!

| 제 2 권 |

과학자였던 서사라 목사의
천국과 지옥 간증 수기

"주님의 한국전쟁이 일어나는 이유와 그 방책
그리고 베리칩에 대한 계시"

하늘빛출판사

• 이제도 있고 전에도 있었고 •

장차 올 자
예수 그리스도!

| 제 2 권 |

과학자였던 서사라 목사의
천국과 지옥 간증 수기

목차

추천서

서론

Part I 천국과 지옥 간증 (2013. 12. 14 ~ 12. 31)

__01__ 주님이 한국에 전쟁이 일어날 것을 보여주시다 ·············· 20

__02__ 천국에서 한국을 놓고 의논하는 것을 보다 ·············· 23

__03__ 주님은 한국전쟁은 변경할 수 없는 하나님의 뜻이며
　　　선제공격만이 우리 남한의 피해를 가장 줄일 수 있다 하신다 ···· 25

__04__ 주의 종들이 가는 지옥을 보다 ·············· 29

__05__ 천국에서 나를 위한 파티가 열리다 ·············· 33

__06__ 마리아의 집을 가다, 그리고 사모님들이 가는 지옥을 보다 ······· 36

__07__ 천국에서 마리아와 아기 예수 그리고 요셉의 동상을 보다 ······· 40

__08__ 천국에서도 크리스마스 이브가 있다 ·············· 45

__09__ 교회를 분당시키고 깨는 자들이 지옥에 가 있다 ·············· 48

__10__ 천국이 더 이상 보이지 않을 때 그 이유 ·············· 50

__11__ 에스더의 집을 가다 ·············· 53

__12__ 지옥에서 가룟 유다를 보다 ·············· 56

__13__ 주님께서 한국 전쟁은 마지막 때에 일어날 예정된 일이라 하신다 ···· 58

__14__ 이웃에 대하여 거짓 증거하는 자를 지옥에서 보다 ························· 60

Part II   천국과 지옥 간증 (2014. 1. 3 ~ 2. 28)

__15__ 주님이 말씀하신 바깥 어두운데 슬피 울며 이를 가는 장소를 가다 ···· 64

__16__ 최근에 죽은 이단의 괴수 OOO 를 지옥에서 보다 ························ 70

__17__ 다윗의 집에 다시 가다 ··· 71

__18__ 천국에서 엘리야와 엘리사를 만나다 ··· 75

__19__ 인간창조역사관에 전쟁후 북한에 빛이 비춰지는 그림이 있다 ···· 81

__20__ 천국에서 남한과 북한이 통일됨을 보여주시다 ························ 84

__21__ 주님이 교회 세습에 대하여 말씀하시다 ··································· 87

__22__ 18년 전에 본 환상을 천국에서 다시 보다 ······························· 90

__23__ 불교인들과 석가가 가는 지옥을 보다 ······································ 96

__24__ 사도요한은 우리 한국전쟁이 성경의 마태복음 24장 7절에

나와 있다고 말한다 ··· 100

__25__ 천국에서 미가엘 천사장을 보다 ··· 105

__26__ 북한이 전쟁준비를 하고 있는 것을 보여 주시다 ····················· 108

27 또 한 분의 최근에 돌아가신 대형교회의 유명한 목사님이
쇠창살 안에 계신 것을 보다 ························ 111

28 어제 내가 그 유명한 목사님이 쇠창살안에 있는 것을
보았는데 주님은 다시 한번 그 분이 천국에 없음을
확인시켜 주시다 ································· 115

29 생명책에서 이름이 지워지는 경우와 흐려지는 경우가 있다 ··· 119

30 육신의 생각은 사망이요 영의 생각은 생명과 평안이니라 ··· 123

31 천국에서 주님이 내가 보고 들은 것을 지우시는 경우가 있다 ······ 129

32 내 마음에 일어나는 모든 것을 아시는 하나님 ················· 132

33 육체를 쳐서 하나님의 뜻에 복종하면 하늘에서는
나를 위한 파티가 열린다 ·························· 135

34 주님이 참된 회개에 대하여 가르쳐 주시다 ················· 138

35 주님이 서울과 평양중 어디가 먼저 공격당할까를 물어 보시다 ···· 143

36 우리가 그와 함께 영광을 받기 위하여 고난도 함께 받아야 ···· 147

37 주님이 내게 천국과 지옥에 대한 간증책을 쓰기를 원하시다 ·· 150

38 내 집에 들어가는 황금 대문을 처음으로 보게 되다 ··········· 153

39 천국과 지옥 간증집회를 매우 기뻐하시는 주님 ··········· 156

40 우리나라에 대한 하나님의 계획을 알게 하시다 ··············· 159

41 천국에는 왕의 신분이 있다 ···················· 164

42 자살한 자들이 가는 지옥을 보다 ···················· 167

43 동성연애하는 자들이 가는 지옥을 보다 ···················· 170

44 유산죄를 지은 자들이 가는 지옥을 보다 ···················· 173

45 주님은 남북이 통일되는 것을 다시 한번 보여 주시다 ············· 176

46 주님이 사도신경 고백을 왜 하지 말아야 하는지에

대하여 말씀하시다 ···················· 178

47 마리아를 숭배하지 아니한 신부와 수녀

그리고 천주교인들은 천국에 와 있다 ···················· 183

48 천국에서 인내 사랑을 외치고 있는 거북이들 ············· 188

49 휴거 장면을 보다 ···················· 190

50 내가 천국과 지옥 간증책을 내는 것을 주님과

믿음의 선진들이 매우 기뻐하다 ···················· 193

51 사도 바울의 집에 있는 황금으로 된 방을 방문하다 ············· 197

52 주님은 한국 전쟁이 일어나야 하는

또 하나의 이유를 말씀하시다 ···················· 199

53 주님이 적그리스도에 대하여 말씀하시다 ············· 203

54 하늘의 군대를 보다 ············· 205

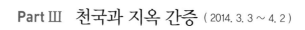

Part III   천국과 지옥 간증 (2014. 3. 3 ~ 4. 2)

55 한국전쟁으로 인한 서울의 초토화를 보여주시다 ················ 210

56 구름을 타고 멀리멀리 내 아버지가 사시는 곳에 가보다 ········· 212

57 천국에서도 우리를 스크린을 통하여 다 보고 있다 ··············· 215

58 천국의 스크린 이야기 계속 ···································· 218

59 천국의 아버지가 지상의 어머니에게 보내는 쪽지 ················· 221

60 내가 쓰는 천국과 지옥 간증 책이 인간 창조역사관에

   보관될 것을 말씀하시다 ······································ 224

61 육체를 쳐서 하나님의 뜻에 복종하면 하늘에서는

   나를 위한 파티가 열린다 ······································ 228

62 하나님의 뜻을 이루는 최고의 삶은 하나님을 기다리는 삶이다 ··· 233

63 천국에서 왕권을 가진 자들이 되려면... ························· 239

64 천국에서도 예배를 드리는 시간이 있다 ························ 242

65 주님이 집회에서 고쳐주실 병들을 말씀하시다 ················· 245

66 만 7세 이전에 죽은 아이들이 천국에 와 있다 ················· 248

67 천국에서 집회에서 전해야 할 내용들을 듣다 ··················· 250

68 7세 이전에 죽은 아이들이 가는 천국과 7세 이후
예수믿지 않고 죽은 아이들이 가는 지옥을 보다 ┄┄┄┄ 252

69 주님은 사람들에게 천국과 지옥이라는 말을 들려주는
것만으로도 '잘 했다' 하신다 ┄┄┄┄┄┄┄┄┄┄┄┄ 257

70 주님이 내게 머플러를 선물하여 주시다 ┄┄┄┄┄┄ 259

71 천국에서 토마스 주남을 만나다.
그녀는 내게 베리칩이 666이라는 것을 믿으라 말한다 ┄┄┄ 261

72 토마스 주남은 베리칩이 666이라는 것을 주님이
가르쳐 주셔서 알게 되었다라고 말한다 ┄┄┄┄┄┄ 266

73 내가 천국과 지옥간증을 하는 이유중 또 하나는 불교인들과
천주교인들을 바르게 돌리기 위함이다 ┄┄┄┄┄┄┄ 268

74 주님은 토마스 주남을 통하여 베리칩이 666이라는 것을
에스겔서를 가지고 사람들에게 경고하라고 말씀하신다 ┄┄┄ 270

75 천국에서 십자가에 달리신 예수님을 보다 ┄┄┄┄ 273

76 천국에서 주님이 베리칩이 666이라고 써 주시다. ┄┄┄┄ 275

77 천국에서는 나의 영의 감정을 확실히 알게 된다 ┄┄┄┄ 279

추천서

"너는 마음에 근심하지마라 하나님을 믿으니 또 나를 믿으라 내 아버지 집에는 거할 곳이 많도다. 만일 그렇지 아니하였으면 내가 너희에게 이르지 아니 하였을 것이다. 내가 너희를 위하여 한 장소를 마련한 뒤에 내가 다시 와서 너희를 데려가 내가 있는 곳에 너희도 있게 하리라." (요14:1∼3)

하나님을 믿고 사랑하는 모든 그리스도인은 소망을 가지고 있습니다. 그 소망가운데 제일 큰 소망중의 하나는 바로 천국의 소망입니다. 험한 세상 고난과 근심에 쌓인 나그네 인생길에 우리의 유일한 소망임에 틀림없습니다. 오늘 이 소망을 우리에게 밝게 비추어 주는 하나의 희망으로 다가오는 빛이 있습니다.

이 책은 오랫동안 의학을 전공하시고 과학자로서 활동해 오시고 미국 명문 브라운대학에서 생물학 박사 학위까지 취득한 존경하는 서사라 목사님께서 하나님의 큰 은혜를 입어 다시 신학을 공부하시고 기름부음을 받아 목회자로 사역하시다 지난해 2013년 11월 부터 하나님의 특별한 계시의 두루마기를 덧입고 천국의 황홀하고 엄청난 영광과 지옥의 무시무시한 광경들을 보고, 듣고, 느끼고, 깨닫게 해 주신 것을 생명의 말씀에 의지하여 하나하나 자세히 기록 하였기에 얼마나 많은 은혜가 큰지 알 수 없습니다.

하루 하루 적게는 5~6시간의 혼신을 다한 기도하는 경건의 삶으로 이루어진 하나님의 크신 은혜로 인한 천국의 계시는 얼마나 성경적이고 사실적인 은혜로 가슴에 다가 오는지 말로 표현하기에는 부족하다고 생각되어 집니다. 하나님 앞에서는 부족한 여종이지만 하나님께서 이 여종을 통하여 신비한 천국의 소망을 보여주는 비전은 참으로 말씀적이며 신령하다고 하지 않을 수 없습니다.

믿는 자는 믿는 자로, 의심이 있는 자는 의심 있는 대로, 불신자는 불신자 대로 서 목사님의 간증을 읽기만 하면 큰 은혜를 끼칠 것이며 신앙의 전도용으로 크게 쓰임 받게 될 것을 의심치 않습니다.

바라기는 말세지말에 많은 분들이 읽고 천국을 확신하고 소망을 가지게 되기를 간절히 바라는 마음으로 이 간증의 책을 추천하는 바입니다. 주님께 모든 영광을! 할렐루야!!!

중앙선교교회 담임목사 **박요한 목사**

park111151@hotmail.com | 미국 남가주 목사회 증경회장(39대) | 남가주대학 (U.S.C. Honor PhD 박사)

아멘 주 예수여 오시옵소서....

　나는 정말 주님의 은혜로 지난 해 11월달 부터 천국과 지옥을 보게 되었다.

　정말 모든 것이 하나님의 은혜였다.

　그런데 천국과 지옥을 보게 된 지 한 달 만에 주님은 나에게 2013년 12월 14일부터 한국전쟁에 대한 계시를 정말 끊임없이 두 달 반동안 보여 주셨다. 나는 그 전쟁에 대한 계시를 받을 때마다 무척 슬펐고 무엇을 할 만한 기분을 잃었고 한국에 전쟁이 난다 생각하니 이것은 몇 백만이 죽을 것 생각하니 정신이 아찔하였다.

　그 전쟁계시를 두 달 반 동안 계속하여 받는 동안 나는 아무 것도 손에 잡히는 것이 없었다. 목회도 잘 들어오지 않았다. 나는 제발 이 전쟁에 대한 메시지를 안 받았으면 할 정도였다. 괴로웠다. 한국에 있는 아는 친지나 아는 목사님에게 이 계시를 전했다. 그런데 깨어 있는 목사님은 받아 들여도 친척이나 혈육들은 정말 받아들이지 않았다. 나는 너무 괴로웠다.

그러나 이제 이것을 다 책으로 써 내기로 했다. 주님께 전쟁에 대한 메시지를 받은 그대로 말이다. 처음에는 엄두가 안 났다. 그러나 이제는 하지 아니하면 안 되겠다는 시점까지 온 것이다.

왜냐하면 곧 전쟁이 일어날 것 같고 또한 그것에 대하여 우리 남한이 대책을 세워야 할 것이기 때문이다. 그것에 대하여 주님이 말씀하신 것을 전해야 하겠다는 의무와 책임을 느낀 것이다. 할렐루야.

주님은 왜 한국에 전쟁이 꼭 일어나야 하는 이유에 대하여 다음과 같이 세 가지로 말씀해 주셨다. 물론 각각 다른 날에 말씀하셨다.

1. 마지막 때에 북한의 불쌍한 동포들에게 복음이 전하여져서 구원 받을 영혼들을 건지기 위해서라 하셨다.
2. 한국의 전쟁이 성경에 기록되어 있다고 하셨다 (마 24:7). 이미 정하여진 사실이므로 꼭 일어나야 된다고 하셨다.
3. 전쟁은 북한은 북한대로 부으시는, 남한은 남한대로 부으시는 하나님의 징계라 하셨다. 그리고서는 통일된 한국을 영적으로 새롭게 하신다는 것이다.

우리는 지금 마지막 시대를 살면서 주님이 오시는 것을 기다리며 살고 있다.

한국 전쟁은 마 24:7절에 나와 있듯이 민족이 민족을 대적하여 일어나고 나라가 나라를 대적하며 일어나는 그 예언속에 들어 있고 그것은 재난의 시작이라 하셨다.

주님은 한국전쟁이 일어나고 난 후에는 곧 또 휴거가 있을 것을 말씀하여 주셨다.

그리고서는 적그리스도의 666표를 강제로 받게 하는 시기가 올 것이다.

송명희 시인은 이것을 그냥 그대로 쓰면 물의가 일어날까봐 이 모든 것을 소설화를 하였다. 나는 이 모든 계시를 받고 나서 송명희 시인의 '표'를 최근에 읽어보게 된 것이다.

얼마나 비슷한지....... 놀라왔다. 내가 주님으로부터 받은 계시를 송명희 시인은 10년 전에 받은 것이다.

주님은 또 나에게 베리칩이 666표인 것을 가르쳐 주셨다. 그리고 천국에서 토마스 주남을 만나서 이것을 다시 확인케 하여 주셨다. 주님은 내가 제 1 권에도 썼지만 이 666표를 이마나 손에 받는 순간 성령님이 떠난다고 하셨고 그 표를 받는 순간부터 인간은 기계의 종이 된다고 말씀하신 것이다.

나는 내가 쓴 천국과 지옥 간증 수기 1권과 2권을 통하여 하나님이 나에게 보여주시고 들려주시고 계시하여 주신 그 목적이 이루어지기를 기도할 뿐이다. 나는 무익한 종일 뿐이다.

내가 한 것은 아무 것도 없다. 단지 주님으로부터 계시를 받은 자로서 나팔을 불 뿐인 것이다. 그것이 하나님의 뜻인 것을 알므로 말이다.

나는 이 두 권의 책을 통하여 주님께서 이 마지막 시대에 순교할 자들을 준비시키실 것이라 말씀하셨다. 나는 정말 이 주님의 뜻이 이루어지기를 기도한다.

그리고 우리가 주님을 맞이하기 위한 신부단장을 하는데도 이 책이 도움되기를 소원한다.

성경은 이기는 자와 이기지 못하는 자에 대하여 말하고 있다.

우리가 이기는 자에 속하지 아니하면 결코 하나님의 나라를 유업으로 받지 못할 것이다.

[마 7:21-23] (21)나더러 주여 주여 하는 자마다 천국에 다 들어갈 것이 아니요 다만 하늘에 계신 내 아버지의 뜻대로 행하는 자라야 들어가리라 (22)그 날에 많은 사람이 나더러 이르되 주여 주여 우리가 주의 이름으로 선지자 노릇하며 주의이름으로 귀신을 쫓아 내며 주의 이름으로 많은 권능을 행치 아니하였나이까 하리니 (23)그 때에 내가 저희에게 밝히 말하되 내가 너희를 도무지 알지 못하니 불법을 행하는 자들아 내게서 떠나가라 하리라

[계 22:12-15] (12)보라 내가 속히 오리니 내가 줄 상이 내게 있어 각 사람에게 그의 일한 대로 갚아 주리라 (13)나는 알파와 오메가요 처음과 나중이요 시작과 끝이라 (14)그 두루마기를 빠는 자들은 복이 있으니 이는 저희가 생명 나무에 나아가며 문들을 통하여 성에 들어갈 권세를 얻으려 함이로다 (15)개들과 술객들과 행음자들과 살인자들과 우상 숭배자들과 및 거짓말을 좋아하며 지어내는 자마다 성밖에 있으리라

참으로 우리는 하루 하루 악은 모든 모양이라도 버리면서 주님을 맞이할 신부로 단장하면서 살아야 한다.
그리고 우리는 무엇보다도 예수님의 피를 의지하여 철저한 회개를 통하여 우리의 잘못된 삶을 하루속히 돌이켜야 할 것이다.

또한 우리는 주님의 구원받지 못한 영혼들에 대한 아픈 마음을 받들어서 복음을 땅 끝까지 전해야 할 것이다. 할렐루야.

주님! 우리 모두 주님을 맞을 준비를 하게 하소서!

2014년 9월

미국 LA에서 **서사라 목사**

Part I

천국과 지옥
간증

(2013. 12. 14 ~ 12. 31)

주님이
한국에 전쟁이
일어날 것을 보여주시다.

(2013. 12. 14)

한 시간 반 기도 후에 천국에 올라갔다.

올라가자마자 주님은 자기의 손에 생명수를 담아서 나를 먹이셨다. 분명히 주님의 손에 구멍이 있건만 물이 새지 않았다.

옆에 있는 천사가 계속 생명수를 예수님의 손에 붓고 그리고 나를 많이 먹였다.

나는 궁금했다. 왜 내가 올라오자마자 주님이 그렇게 생명수를 먹이시는지......

그리고 나서 나는 주님께 꼭 붙어서 주님의 허리를 내 오른팔로 감듯이 하고 같이 길을 걸었다. 길 오른쪽에는 하얀색 꽃이 만발했고 왼쪽에는 푸른 나무들이 숲을 이루고 있었다.

그중에 나무 하나가 앞으로 고개를 내밀듯이 인사를 한다.

위쪽으로는 아기 천사가 나팔을 불며 따라 온다.

그리고 새하얀 구름이 서너 개가 보인다. 이 구름들은 우리가 필요할 때에 탈 구름들이다.

나는 주님과 함께 있는 것이 너무 좋다.

주님께서 구름을 부르시고 나보고 가야 할 곳이 있다 하신다.

주님과 나는 구름을 타고 날았다.

아니 그런데 나는 당연히 천국의 어딘가로 가실 줄 알았는데 우리 밑에 저 밑 아래로 아주 큰 복잡한 도시가 보인다. 나는 즉시 그 도시가 서울인 것을 알았다. 그리고 다시 인천 해안 같은 곳이 보였다. 거기에 큰 선척이 하나 보인다. 대형 선박이다. 저게 무얼까? 그런데 그 배안에는 미사일등을 가진 전쟁하는 배라는 것을 알 수 있었다.

사람들이 자고 있는 동안 그 배에서 까만 옷을 입은 자들이 수없이 내려서 서울 곳곳으로 파고드는 것이 보였다.

그리고 38선에 불붙은 탱크들이 줄줄이 서서 서울로 향하여 내려오고 있었다.

하늘에서는 벌써 미국과 북한의 공중전이 벌어졌다.

나는 나도 모르게 소리쳤다. "아니 전쟁이다!"

"주님 전쟁이 일어나요…"

하고 다급한 마음에 내가 울기 시작했다.

그런데 주님도 우신다.

"주님 이것이 언제 일어나나요?"

"곧이다."

"곧이라니요?" 물었으나 주님은 그 다음 말씀 안 하신다.

나는 괴로워서 울고 또 울었다. 동시에 내 지상의 몸이 신음하고 있었다.

아하, 그래서 내가 천국 올라오자마자 생명수를 그렇게 먹이셨구나. 내가 이렇게 괴로워 막 울 줄 아시고.....

"주님 결과는요?"

"미국이 이긴다."

"주님 전쟁 안 나게 하여 주세요."

"이미 결정된 일이란다."

"주님....."

주님이 말씀하신다.

"북한에 있는 내 백성들을 구해내야 해...."

즉 거기에 구원받을 영혼들이 많음을 시사 하셨다.

"아아아아...." 나는 계속 울었다. 그리고 내 지상의 몸은 계속 신음했다.

그리고 우리는 다시 천국에서 주님과 같이 걸었던 길로 돌아 왔다. 그리고 나는 내려왔다.

천국에서
한국을 놓고
의논하는 것을 보다.

(2013. 12. 15)

천국에 올라가니

주님이 흰 옷에 파란 띠를 어깨에 두르고 계신다.

나를 보시더니 '힘들지?' 하시는 표정이시다.

내가 한국전쟁 메시지 받고 힘들어한 것을 주님이 알고 계신다.

나는 힘이 많이 빠져 있었다.

천사가 생명수 두 컵을 가져다준다. 이번에는 그 컵을 받아 벌컥 벌컥 마셨다.

그리고 주님과 어디론가 가는데 황량한 황토색 벌판이다.

여기가 어딘가 하고 생각하고 있는데 장면이 천국으로 다시 바뀌었다.

주님이 긴 탁자에 앉으시고 양쪽으로 흰 옷 입은 자들이 5-6명씩 앉아 있다.

무엇을 의논하는 것 같았다.

주님이 말씀하신다.

"그 나라를 어찌할꼬?"

우리나라를 지칭하는 것이었다.

나는 그 자리에 앉아 있지는 않았으나 나는 그 광경을 분명히 보고 있었다.

거기 앉은 자들이 누구인지는 모르겠으나 언뜻 12제자들이 아닌가 하는 생각이 들어왔다. 그리고 나는 잠이 들었다.

주님은 한국전쟁은 변경할 수 없는 하나님의 뜻이며 선제공격만이 우리 남한의 피해를 가장 줄일 수 있다 하신다.

(2013. 12. 16)

천국에 도착하자마자 주님이 내 오른편 옆에서 맞이하여 주시는데 오늘 따라 주님의 얼굴이 너무 빛이 나신다. 눈부시다. 나를 보시자마자

"딸아!" 하고 부르신다.

나는 주님을 보자마자 그 옷에 파묻히면서 "주님!" 하고 어린애가 보채듯이 울었다.

그러고 있는데 하얀 두 날개가 달린 천사 두 명이 우리에게 날아왔는데 이들은 주님과 나를 보좌하고 있었다. 이들 천사들의 날개는 눈이 시릴 만큼 하얗고 빛이 났다.

보통 천사들이 아닌 것을 알았다.

그리고 그들은 구름을 가지고 왔고 주님과 나는 구름을 타고 날았고 천사들은 우리를 뒤 쫓아 날아 왔다.

우리 위로는 아기 천사 두 서너 명이 금 나팔을 불면서 따라왔다. 그리고 저 멀리 성이 보인다. 자세히 보니 황금성이다.

주님이 보좌에 앉으시고 두 날개가 달린 두 천사가 주님보좌 양옆으로 섰다.

그리고 나는 주님보좌 앞에서 납작 엎드려 울고 있었다.

"주님...." 하면서 말이다.

우는 이유는 한국에 전쟁이 일어날 것을 주님이 알려 주셨기 때문이다.

나는 이것 때문에 정말 지상에서도 아무 것도 손에 잡히는 것이 없었다. 내 영은 계속 이것 때문에 울고 있었다.

주님이 말씀하신다.

"이 세상은 내가 움직이고 있단다. 그런데 사람들은 이것을 모르는 것 같구나."

내가 말했다. "아니요 주님 우리 크리스천들은 알아요. 주님이 이 세상을 주관하신다는 사실을요....."

그런데 거기서 왜 갑자기 주님이 나에게 이런 말씀을 하셨을까 하는 생각이 들어왔는데 지금 내가 주님 앞에서 전쟁 안 나게 해달라고 운다고 해서 또한 우리나라가 회개한다고 해서 하나님의 계획이 변경될 것이 아니라는 것이 알아지는 것이었다. 이것은 그냥 주님이 내게 알게 하여 주시는 것이다.

그래서 나는 그 다음 이렇게 질문했다.

"주님 그러면 전쟁이 나면 남한이 피해를 가장 적게 받는 방법은 무엇인가요?"

주님은 말씀하신다. "철저히 공격준비를 하는 것이다."

전쟁 기미만 포착되면 선제공격이 방법이라는 것을 알려주신다.

그리고 미국에 도움을 요청하여 철저히 공격 준비를 해야 한다는 것이다.

나는 그래도 다시 전쟁이 안 나게 해달라고 울고 있었다.

그리고 주님께 물었다.

만약에 우리 남한이 미스바 회개운동을 하면 주님께서 이 전쟁이 안 나게 그 뜻을 변경하실 수 있으시냐고 물었다.

그리하였더니 주님은 말씀하신다.

이미 내가 그것에 도장을 꽉 찍었노라고 말씀하신다.

즉 전쟁이 일어나는 것에 말이다.

나는 "주님...." 부르면서 그렇게 하시지 말라고 울었다.

그랬더니 천사들이 나를 말린다. 그러지 말라고....

주님은 자리에서 일어나셨다.

나도 일어섰다. 그리고 그 성을 나왔다.

그리고 장면이 바뀌었다.

주님이 제자들과 함께 회의하고 계시는 장면이다.

이번에는 마리아도 주님의 오른편쪽에 제일 가까운 쪽으로, 그 다음 베드로가 보인다.

앉은 모습은 주님이 주님자리 (긴 테이블에 주님이 가운데 앉고 다른 제자들은 다 양옆에 앉은 모습이다)에 앉고 나머지는 모두 그 양 옆으로 앉았다.

그리고 베드로 옆에는 사도 요한이 있다. 왼편에는 도마가 먼저 보인다.

나는 그 자리에 앉아 있지 않았으나 테이블 위에는 한국 지도가 놓여 있는 것이 보였다. 나는 그 한국지도를 보자마자 울었다. 그리고 나는 그들이 무엇을 의논하는지는 모르겠다. 나는 괴로워하면서 내려왔다.

내려오면서 혼자 생각했다. 주님이 북한 동포의 구원의 문제가 우선되어 이 뜻을 변경하실 수가 없다면 그러면 평화통일 되게 하실 수도 있지 않은가? 하는 생각이 들어왔다.

그러면 우리가 진짜 마스바 회개운동을 하면 주님이 전쟁 없이 평화통일하게 하실 것인가? 하는 생각이 들어왔다. 그러나 이것은 어디까지나 내 생각이다.

주의 종들이
가는 지옥을 보다.

(2013. 12. 18)

[히 6:4-8] (4)한번 비침을 얻고 하늘의 은사를 맛보고 성령에 참예한 바 되고 (5)하나님의 선한 말씀과 내세의 능력을 맛보고 (6)타락한 자들은 다시 새롭게 하여 회개케 할 수 없나니 이는 자기가 하나님의 아들을 다시 십자가에 못박아 현저히 욕을 보임이라 (7)땅이 그 위에 자주 내리는 비를 흡수하여 밭 가는 자들의 쓰기에 합당한 채소를 내면 하나님께 복을 받고 (8)만일 가시와 엉겅퀴를 내면 버림을 당하고 저주함에 가까와 그 마지막은 불사름이 되리라

나는 천국에 올라가자마자 주님께 목사님들이 가는 지옥을 보여 달라고 했다. 왜냐하면 나는 무척 궁금하였다. 목사님들도 혹 지옥을 가나 해서 말이다.

(만일 가지 않는다면 주님은 나에게 지옥을 보여 주시지 않을 것이다. 그러나 만일 보여 주신다면 주의 종들도 예수 그리스도를 믿고 사역을 하였어도 지옥으로 간다는 것을 의미한다. 아니 사실은 나는 유명한 대형교회 목사님이 쇠창살안에 있는 것을 지난번 제

1 권의 책에 썼다.)

그랬더니 벌써 검정색의 갑옷으로 무장한 군사 세 명이 내 앞에
나타났다. 우리는 깊고 캄캄한 아래쪽 터널로 쭉쭉 내려갔다. 꼭
약 100년 정도 오래된 구식 엘리베이터를 타고 내려가는 기분이
다. 좀 덜커덩덜커덩 거리면서 내려가는 느낌이다.

그리고 조금 있다가 내려가는 속도가 늦어지면서 지옥의 입구에
도착했다.

지옥 입구로 들어서니 갑자기 큰 공간이 나타나면서 아래는 큰
불구덩이가 있고 거기에 예수를 안 믿었던 많은 사람들이 즉 불신
자들이 불구덩이 속으로 던져지고 있었다. 아! 여기는 저 번에 두
번이나 와 보았던 장소이다.

나는 속으로 말했다. "주님 여기 말구요. 목사님들이 가는 지옥
요?" 라고.

그랬더니 세 명의 검정색 갑옷으로 무장한 천사 군사들이 나를
더 안쪽 저쪽으로 인도하더니 거기서 다시 터널로 들어가는 곳이
있었다. 그 터널은 밑으로 내려간다기보다 옆으로 나 있는 터널이
었다. 한참 간다 싶었는데 저쪽이 확 밝아오는데 거기는 사람들을
푸줏간에 고기를 매달았듯이 사람들이 거꾸로 매달려서 고통을 당
하고 있었다. 그들 바로 밑에는 활활 타는 불이 있었다.

그들은 다 주의 종들이었고 나름대로 소리를 지르고 있었다.

"주님 잘못했어요." 하는 자가 있는가 하면 기독교를 막 욕하고
저주하는 자도 있었다.

불에도 타지 않는 검은 실뱀들이 불에서 튀어나와 사람들의 콧속으로 들어간다. 그럴 때마다 그 사람들은 윽-, 욱- 하고 소리를 지른다.

얼굴 색깔이 노오란 뱀이 자기 얼굴로 주의 종들의 **뺨**을 때린다. 그 뱀의 얼굴의 크기는 정확히 내가 봐서 손바닥만한 크기이다. 꼭 손으로 **뺨**을 때리는 것 같은 광경이었다. 주의 종들은 그들의 얼굴을 뱀으로 맞고 있었다.

내 옆에 마귀의 부하의 얼굴이 하나 보인다.

그는 키가 좀 크고 눈이 왕방울처럼 튀어 나오고 얼굴은 파르스름한 뱀 껍질로 된 얼굴을 한 자이다. 말은 안하는데 그가 나에게 이렇게 말하는 것이 알아졌다.

"너도 잘못하면 이곳에 올 수 있어."

나는 속으로 그 마귀 부하에게 물었다.

"여기는 누가 오냐?"

어떤 주의 종들이 오냐고 물은 것이다.

그 마귀 부하가 나에게 가르쳐 준다.

첫째, 교회를 팔아먹은 자,

둘째, 하나님의 돈을 마음대로 자기 것처럼 갖다 쓴 자,

셋째, 불륜의 여자 관계가 있었던 자,

그리고 넷째, 목사이면서 주일날 버젓이 설교를 하면서 가정에서는 아내에게 폭력을 쓴 이중 인격자들이 여기 온다는 것이다.

그 다음 나는 주님께 이러한 질문을 가졌다.

"주님! 목사님들이 예수를 믿었어도 여기 오나요?"

주님은 대답 대신 나에게 성경 구절을 생각나게 하여 주셨다.

형제에 대하여 라가라 하는 자는 공회에 잡히게 되고 형제에 대하여 미련한 놈이라 하는 자는 지옥불에 던져지리라. 하는 말씀과 또한 성경에 보면 주님은 네 눈이 범죄하거든 뽑아내어 버리라. 두 눈을 가지고 지옥에 던지워지는 것보다 한 눈을 가지고 천국에 들어가는 것이 나으니라. 말씀하신 것과 또한 네 손이 범죄하거든 찍어 내버리라 두 손을 갖고 지옥에 들어가는 것보다 한 손을 가지고 천국에 들어가는 것이 나으니라 라고 말씀한 것이 생각난 것이다. 주여!......

즉 이 사람들은 범죄하고도 회개하여 돌이키지 아니하고 계속 동일한 죄를 짓다가 그 영혼을 완전히 마귀에게 팔아먹은 목사들이라는 것을 알 수 있었다.

그래서 히브리서에 보면 한번 비췸을 받고 타락한 자는 다시 예수 그리스도를 십자가에 못 박을 수 없다고 했다. 즉 사후의 삶에서 용서함을 받을 수 없는 것이다.

05

천국에서
나를 위한 파티가
열리다.

(2013. 12. 19)

천국에 도착하였는데 주님이 나를 해맑게 웃으시면서 맞이하여 주신다. 그런데 주님의 옷차림이 보통 때와 조금 다름을 느꼈다. 즉 대개는 면류관을 안 쓰시고 계시는데 오늘은 길이가 짧은 금 면류관을 쓰고 계시고 또한 옷이 아주 매끄러운 치렁치렁하게 내려오는 긴 옷을 입으셨고 거기에다가 또한 허리에 허리띠까지 매셨다. 보통 때와는 색다른 옷차림을 하고 계시는데 주님의 기분이 너무 좋으시다.

나도 천국에서 내 모습을 보니 주님과 비슷한 치렁치렁한 매끄러운 옷을 입고 있었다.

나는 어쨌든 그런 주님과 있는 것이 너무 좋았다 (나중에 알고 보니 이 옷차림들은 파티에 알맞은 옷차림이었다).

주님과 있을 때는 내 안에 극도의 기쁨이 충만하여진다. 이 기쁨은 얼마나 큰지 참으로 표현이 불가능하다.

주님과 나는 같이 위로 높이 비상했다. 우리는 구름을 타고 높이 날고 있었다. 구름을 타더라도 그냥 평범하게 날아가는 때가 있지만 오늘은 높이높이 날았다.

도대체 어디로 가시는 것일까? 나는 너무 기분이 좋아 날고 있는데 중간에 마리아가 우리가 있는 구름에 탔다. 마리아도 기쁨이 매우 충만해 보였다.

그리고 마리아가 나에게 말을 한다. 나를 위하여 파티가 준비되어 있다고…… 와우……. 나를 위하여 파티가 준비되어 있다니… 나는 놀라지 아니할 수밖에 없었다.

오늘 나는 사람들을 데리고 기도원에 올라와서 천국과 지옥 간증을 하고 나서 축사사역을 한 후에 사람들로 하여금 천국 구경하게 예수 이름으로 선포하여 놓고 나도 천국으로 올라온 것이다. 그런데 오늘 처음으로 그렇게 사역을 하였는데 주님과 마리아가 이것을 너무 기뻐하시는 것이었다. 그래서 주님은 나를 위하여 파티를 준비하신 것이다. 축하하기 위하여…

우리는 한참을 날아서 위로 비상하여 어떤 성 안으로 들어갔는데 거기는 파티가 열리고 있었고 거기에 와 있는 사람들은 바로 내가 여태까지 천국에서 만났던 모든 믿음의 선진들이 거기에 와 있는 것이었다. 그들은 바울, 베드로, 사도요한, 다니엘, 모세, 다윗, 솔로몬, 에스더, 막달라 마리아, 마르다의 동생 마리아 등.

그들은 모두 잔을 들고서는 나에게 한마디씩 했다.

바울 : 나는 사라에게 목숨을 다하여 복음을 전하는 것과 귀신

쫓는 은사와 죽은 자도 살리는 은사를 주님께서 주실 수 있도록 전수했지…라고 말하는 것이었다.

다니엘 : 나는 사라에게 꿈을 해석하는 은사를 전수하고 내가 사람을 두려워하지 않고 하나님만을 섬기는 것을 전수했어…라고 말했다.

베드로 : 나는 사라에게 기쁨을 주었지…. 즉 죽는다는 것이 기쁜 일이라는 것을 말해 주었어. 왜냐하면 그것이 바로 영원히 주님 앞에 가는 것이니까.

마리아 (마르다 동생): 저는 사라에게 하나님을 섬기는 데는 자신의 소유가 없어야 함을 전했어요.

에스더 : 나는 사라에게 죽으면 죽으리랏다 해야 한다고 말했어요.

나는 참으로 이 장면이 감동스러웠다.

내가 천국과 지옥 간증을 하는 것을 주님이 얼마나 기뻐하는지를 알게 된 것이다. 그리고 믿음의 선진들이 그렇게 기뻐하여 주고 있었다.

[고전 15:58] 그러므로 내 사랑하는 형제들아 견고하며 흔들리지 말며 항상 주의 일에 더욱 힘쓰는 자들이 되라 이는 너희 수고가 주 안에서 헛되지 않은 줄을 앎이니라

마리아의 집을 가다.
그리고 사모님들이 가는
지옥을 보다.

(2013. 12. 20)

[막 3:28-30] (28)내가 진실로 너희에게 이르노니 사람의 모든 죄와 무릇 훼방하는 훼방은 사하심을 얻되 (29)누구든지 성령을 훼방하는 자는 사하심을 영원히 얻지 못하고 영원한 죄에 처하느니라 하시니 (30)이는 저희가 말하기를 더러운 귀신이 들렸다 함이러라

천국에 올라가니 주님은 나의 오른편에서, 마리아 (내가 그냥 아무 다른 설명이 없이 마리아라고 표현하면 예수님을 육체로 낳은 마리아를 말한다)는 나의 왼편에서 나를 반갑게 맞이해 주었다. 그리고 주님과 마리아가 나의 양손을 한쪽씩 잡고 막 높이 날아간다. 아름다운 노란 꽃밭을 아래로 하고 위로위로 비상했다.

그리고 우리가 간 곳은 내 눈에 무척 아름다운 흰색과 쑥색이 어우러진 넓은 풀밭 같기도 하고 여하간 매우 고상하고 아름다운 정원이 넓게넓게 펼쳐져 있는 것이었다. 그 풀을 자세히 보니 그 정원 전체가 보석이라는 느낌이 들었다. 와우 정말 아름답다. 도대체 여기가 어딜까? 하고 생각하는데 나는 그곳이 바로 마리아의

집인 것을 알았다.

그리고 집 뒷쪽의 porch 같은 곳이 있는데 이 porch는 천국에서
나 볼 수 있는 아주 아름다운 디자인으로 되어 있었고 그 전체는
정말 아름다운 보석으로 되어 있었다. 위에 아름답게 수를 놓은 것
같은 우산같이 생긴 지붕이 있고 아래에는 아름다운 보석 테이블
이 놓여 있었다.

그리고 내가 지금 보고 있는 것은 마리아의 집 뒷편인데 그 앞편
에는 유리바다가 놓여 있었다. 즉 마리아의 집은 유리바다 앞에 놓
여 있는 아주 아름다운 집이었다.

야! 정말 참으로 아름답다. 나의 감탄사이다. 그리고 마리아의
집은 정원에서부터 어마어마하게 크다는 것이 느껴졌다.

주님과 나 그리고 마리아는 이 집 뒤쪽으로 있는 porch의 테이블
에 앉아서 바나나맛과 비슷한 과일을 먹었다.

나는 주님께 질문했다.

"주님 제가 천국 지옥 간증한 것이 그렇게 기쁘세요?"

이 말에 주님은 너무 기뻐하시면서 눈물을 흘리신다.

주님은 눈물을 흘리며 우시면서 내 왼손을 자기의 두 손으로 잡
아서 자신의 얼굴에 갖다 대셨다. 마리아도 기뻐하면서도 예수님이
우시는 얼굴을 보면서 심각한 얼굴이 되었다. 나는 어찌하였든 두
분이 나의 천국지옥 간증을 너무 기뻐한다는 것을 알 수 있었다.

그 다음은 나는 주님께 사모님들이 가는 지옥을 보여 달라고 했
다. 우리는 마리아를 마리아의 집에 두고 둘이만 내려왔다. 마리아
의 집이 보통 내가 천국에 도착하는 그 레벨보다 훨씬 높은 곳에 있

였음을 알 수 있었다. 왜냐하면 마리아의 집에 도착하기까지 주님과 나는 구름을 타고 높이높이 위로 비스듬히 날아갔기 때문이다.

어제도 나를 위한 파티를 열었다하면서 마리아가 우리가 위로 높이 비상하고 있을 때 중간쯤에 와서 구름을 같이 타고 파티장에 도달하였었다. 그 파티장은 참으로 높은 곳에 있었다.

며칠 전에는 주님이 내가 천국에 도착하니 나와 같이 위로 바로 구름도 안타고 그냥 수직으로 높이 비상하여 꼭 아주 높은 빌딩꼭대기에 서서 아래를 내려다보시듯이 하면서 나에게 말씀하시기를 "내가 이 천국을 너에게 평생 보여주겠다."고 하신 것을 기억한다. 그러므로 나는 지금 정말 누군가 얘기한 것처럼 천국이 여러 층으로 되어 있지 않나 하고 생각한다.

그러나 지금 나에게는 층층이 구분되어져서 알려지고는 있지 않다. 다만 더 높이높이 올라가고 혹은 중간 정도로 올라가고 아니면 수평으로 날아가고 그런 것만 알고 있다.

내가 주님께 지옥을 보여 달라고 했더니 보통의 레벨로 (늘 내가 천국에 도달하면 주님을 만나는 레벨, 여기가 혹 천국의 입구가 아닌가라고 생각된다) 다시 내려와서 주님은 나에게 두 명의 무장한 천사를 붙여 주신다. 한 명은 검은 옷을 입었고 다른 한 명은 흰색 옷을 입었다.

내가 지옥으로 갈 때에는 주님은 안 가시고 대개 이렇게 무장한 천사들을 붙이신다. 나는 그 무장한 천사들과 함께 그 보통의 레벨에서(천국입구에서) 밑으로 밑으로 엘리베이터 타듯이 내려왔다.

그리고는 갑자기 내 눈앞에 쇠창살이 보인다. 그리고 그 안에는 한 사람이 있는 것이 아니라 제법 많은 자들이 있다.

"주님! 저들은 저 안에서 어떤 형벌을 받나요?"

주님은 나를 따라 오시지 아니하였으나 지옥에서도 나와 대화가 가능하다.

주님이 말씀하신다. "들어가 보아라!"

그래서 나는 쇠창살 문을 열고 들어가 보았다. 주님의 목소리는 꼭 내 귀 뒤쪽으로 약 30cm 정도 떨어진 곳에서 말씀하시는 것처럼 들린다.

바닥에는 수많은 갈색의 실뱀들로 가득 차 있었고 그 안에 있는 자들은 그 수많은 실뱀들로 인한 고통을 겪고 있었다. 그들의 코로 눈으로 귀로 입으로 실뱀들이 득실득실하고 피부살갗 밑으로 그 실뱀들이 기어 다녔다. 이들은 전에 성령 훼방죄로 고통 받고 있었던 여인과 똑같이 고통을 받고 있었다.

"주님 저들은 어떤 자들이었습니까?"

주님이 말씀하신다.

"그들은 입으로 행동으로 평생 남편의 목회가 안 되게 막은 자들이다."

"주여!......"

천국에서
마리아와 아기 예수
그리고 요셉의 동상을 보다.

(2013. 12. 22)

[눅 2:8-12] (8)그 지경에 목자들이 밖에서 밤에 자기 양떼를 지키더니 (9)주의 사자가 곁에 서고 주의 영광이 저희를 두루 비취매 크게 무서워하는지라 (10)천사가 이르되 무서워 말라 보라 내가 온 백성에게 미칠 큰 기쁨의 좋은 소식을 너희에게 전하노라 (11)오늘날 다윗의 동네에 너희를 위하여 구주가 나셨으니 곧 그리스도 주시니라 (12)너희가 가서 강보에 싸여 구유에 누인 아기를 보리니 이것이 너희에게 표적이니라 하더니

오늘은 주님이 특이하게 잿빛 옷을 입고 계셨다. 길지 않고 약간 무릎을 덮을 정도의 옷인데 허리에는 새끼줄 같이 생긴 허리띠를 둘렀는데 자세히 보면 금으로 된 새끼줄 같이 생긴 허리띠이다. 그리고 가슴이 파진 겉옷을 입고 계신다. 그리고 머리에는 가시관 같이 생긴 면류관을 쓰고 계신다. 이 면류관도 가시 면류관처럼 생겼으나 재료는 금으로 만들어졌다. 주님의 가슴에 나 있는 까만 털들이 유난히 드러나 보인다. 이런 적이 없었는데....

나는 평상시와 같이 금 면류관에 흰 드레스를 입었다.

주님의 모습을 보는 순간 나는 주님의 가시관 쓰신 모습에 내가 면류관 쓰고 있는 것이 민망하여 면류관을 벗었다.

흰 옷 입은 많은 무리들이 길 양쪽에서 우리를 환영한다.

"서사라 목사 또 올라왔다." 하면서....

사람들이 너무 많아 두 날개 달린 천사들이 앞에서 무리들을 정리하여 길을 내고 있었다.

우리는 그 길을 한참 가다가 주님과 나는 구름을 타고 날게 되었는데 예수님의 옷이 평상시의 긴 흰 옷으로 변했다. 그리고 앞에서 두 날개 달린 천사들이 45각도로 먼저 멀리 아주 빠르게 높이 날고 있었고 우리도 구름을 타고 뒤따르고 있었다.

그런데 우리 구름에 아주 얼굴이 또렷하게 보이는 아기 천사가 같이 탔다. 이 아기 천사가 왜 타지? 분명 그 이유가 있을 것이야! 하는 생각이 들었다.

그래서 나는 주님께 "주님, 아기 천사가 같이 탔어요." 했더니 주님이 말씀하신다. "내버려 두어라."

우리는 마침내 겉모양이 약간 나선형으로 만들어진 하얀 빌딩에 도착했다.

이 빌딩은 내가 처음 보는 빌딩이다.

나는 혹 두 날개 달린 천사들이 우리를 호위하고 해서 이전에도 이런 적이 있었기에 주님의 보좌 쪽으로 가나 했는데 우리가 간 곳은 그게 아니고 안에 들어가니 마리아가 아기를 안고 있는 것이 금은보석으로 만들어진 동상이 있는 곳에 온 것이다.

그 동상은 아주 실제같이 생겼다. 옆에는 동상으로 된 요셉이 서 있다. 참으로 놀랍다. 우리 지상에서도 이러한 동상들이 많은데 천국에도 이런 것이 있다니......

마리아에게 안겨 있는 아기에게서는 특별한 빛이 나오고 있었다. 나는 여기가 어딜까? 하고 생각했다.

분명 인간창조역사관은 아닌데....

그러면 여기는 어디일까?

그것은 나에게 아직 감추어져 있었다.

나는 마리아와 아기예수 동상을 보면서 천국에도 이런 것들을 두고 기념하는구나! 하고 감탄하고 있는데..........

우리 옆에 마리아가 벌써 도착했다.

주님이 나에게 마음으로 말씀하신다.

"네가 오늘 이것을 설교했지?"

나도 속으로 "네 주님"하고 대답했다. 오늘이 2013년 12월 22일 주일로 크리스마스 전 주일날이었다.

그래서 나는 오늘 낮 주일예배 때에 아기예수 탄생과 그분이 오신 이유 즉 우리를 위하여 그분의 죽으심을 설교했던 것이다.

즉 3일만 지나면 크리스마스였다.

요셉도 곧 도착하였다.

그러니까 그 마리아가 아기예수를 안고 있는 동상과 그 옆에 요셉의 동상이 서 있는데 여기에 지금 나, 주님, 그리고 마리아, 그리고 요셉이 서서 그것을 구경하고 있는 것이다. 할렐루야!

그리고서는 나는 내려왔다.

나는 내려와서 생각을 해보았다.

오늘 주님이 내가 천국에 들어서자마자 왜 잿빛 옷에다가 가시 면류관을 쓰고 계셨는지 이해가 되었다. 왜냐하면 내가 오늘 그의 고난당하심과 죽으심을 아기 예수 탄생과 함께 설교하였기 때문이다. 그러므로 주님은 내가 천국에 올라가자마자 나에게 그 옷과 가시 면류관을 통하여 그리스도의 수난을 상기시켜 주신 것이었다.

그리고 우리를 환영한 그 많은 흰 옷 입은 무리는 그리스도의 수난으로 인하여 구원받은 많은 무리였다. 오늘 주님은 나에게 아기 예수 탄생을 설교한 나에게 또한 그의 탄생은 우리를 위해 죽어 주시기 위한 것이었음을 설교했던 나에게 꼭 그것을 다시 한 번 천국에서 재현시켜 주셨다고 할 수 있다. 할렐루야! 어찌 이런 일이!... 주여! 감사합니다.

그리고 오늘따라 왜 어린 아기천사가 같이 구름에 탔었는지도 이해가 되었다. 왜냐하면 그것은 우리가 아기예수를 보러가기 때문이었다. 나는 이번같이 아기천사의 얼굴을 또렷이 본적이 없었다. 아기천사들은 대개 아기를 보러갈 때면 잘 나타난다. 왜냐하면 예수님의 아기동상도 아기니까 아기천사가 나타난 것이다. 주님은 그 아기천사를 "내버려 두어라."라고 말씀하셨다.

[눅 2:34-35] (34)시므온이 저희에게 축복하고 그 모친 마리아에게 일러 가로되 보라 이 아이는 이스라엘 중 많은 사람의 패하고 흥함을

위하며 비방을 받는 표적 되기 위하여 세움을 입었고 (35)또 칼이 네 마음을 찌르듯 하리라 이는 여러 사람의 마음의 생각을 드러내려 함이니라 하더라

우리를 위하여 아기예수로 오신 주님을 찬양합니다!
그리고 우리를 위하여 죽으시고 부활하셔서 이제는 천국에서 우리를 기다리고 계심을 감사합니다.

[요 14:1-3] (1)너희는 마음에 근심하지 말라 하나님을 믿으니 또 나를 믿으라 (2)내 아버지 집에 거할 곳이 많도다 그렇지 않으면 너희에게 일렀으리라 내가 너희를 위하여 처소를 예비하러 가노니 (3)가서 너희를 위하여 처소를 예비하면 내가 다시 와서 너희를 내게로 영접하여 나 있는 곳에 너희도 있게 하리라

천국에서도
크리스마스
이브가 있다.

(2013. 12. 24)

[눅 1:30-35] (30)천사가 일러 가로되 마리아여 무서워 말라 네가 하나님께 은혜를 얻었느니라 (31)보라 네가 수태하여 아들을 낳으리니 그이름을 예수라 하라 (32)저가 큰 자가 되고 지극히 높으신 이의 아들이라 일컬을 것이요 주 하나님께서 그 조상 다윗ㅌ의 위를 저에게 주시리니 (33)영원히 야곱의 집에 왕 노릇 하실 것이며 그 나라가 무궁하리라 (34)마리아가 천사에게 말하되 나는 사내를 알지 못하니 어찌 이 일이 있으리이까 (35)천사가 대답하여 가로되 성령이 네게 임하시고 지극히 높으신 이의 능력이 너를 덮으시리니 이러므로 나실 바 거룩한 자는 하나님의 아들이라 일컬으리라

천국에 올라갔다. 오늘은 크리스마스 이브 날이다.

주님이 나의 오른 편에서 나를 맞이하여 주신다.

주님이 옷을 입고 계신데 거기에 은색으로 잔잔한 별무늬가 있는 옷을 입고 계시고 머리에는 별이 크게 한개 중앙에 달린 면류관을 쓰고 계신다.

천국에 눈이 온통 쌓였다.

아니 천국에도 눈이 있다니..... 참으로 놀라운 일이다.

눈이 날리는데도 벌거벗은 아기천사가 팬티만 입고 날고 있다.

즉 전혀 춥지 않은 눈인 것이다.

마리아도 나의 왼쪽 앞에서 나를 맞이하는데 환히 웃고 있다.

마리아의 머리에는 하얀 방울 달린 꼬깔모자 같은 것을 쓰고 있다.

그리고 천국에서는

"고요한 밤 거룩한 밤 어둠에 묻힌 밤..."

노래가 울려 퍼지고 있었다. 아무도 안 보이는데 이 노래가 천국 전체에 들려지고 있는 것이었다.

내가 천국에 도착하자마자 이 노래가 들리기 시작했다.

아.. 아.. 너무 좋다!

우리 셋은 흰 눈 오는 중에도 구름을 타고 날았다.

우리는 어느 성 안의 파티장으로 들어갔는데 거기는 벌써 흰 눈을 듬뿍 맞은 천국의 오케스트라 악단이 있었다.

여기서 눈이란 천국에서 지상의 크리스마스 이브를 축하하는 천국의 눈이다. 전혀 차거나 하지 않고 그냥 눈같이 하얗게 생겼다.

천국의 오케스트라 악단이 거룩한 밤 고요한 밤을 연주한다.

주님과 마리아가 거의 나란히 조금 거리를 두고 서서 파티장 중앙을 보고 있는데 위에서 마리아가 아기 예수를 안고 있는 동상이 내가 이틀 전에 보았던 그 동상이 하늘에서 내려오는 것처럼 천천히 내려온다. 그랬더니 그 주위에 하얀 옷 입은 수많은 무리들이 한꺼번에 자리에서 일어나 박수를 치면서 환영하는 것이었다.

이 일이 천국에서 크리스마스 이브 날 일어나고 있었다.

할렐루야!

그 무리는 엄청난 무리들이었다. 이 광경은 참으로 대단했다.

그러자 마리아가 예수님 앞에서 꿇어앉으며 한쪽 무릎을 세우고 예수님의 손에 키스를 한다. 그리고 이렇게 말한다.

"내 주님이시여! 당신이 이 세상에 오실 때에 나 같은 계집종의 몸을 빌어서 오심을 감사하나이다." 라고 했다.

그리고 거기 있는 수많은 무리들이 이 말을 들었다.

할렐루야!!

09

교회를 분당시키고
깨는 자들은
지옥에 가 있다

(2013. 12. 24)

주님은 나에게 이렇게 크리스마스 이브 날 천국에서도 이런 일이 일어난다는 것을 나에게 보여 주셨으나 그것도 대단한 광경이었으나 사실 나는 그 크리스마스 이브 파티보다 지옥이 더 구경하고 싶었다.

그래서 나는 그 광경을 보고 난 후에 이렇게 주님께 말했다.

"주님 저는 지옥을 보고 싶어요!" 라고 했더니

우리는 다시 천국으로 들어오는 입구로 내려온 것이다.

은색 옷으로 무장한 네 명의 군사들 즉 천사들이 나를 호위하기 위하여 나에게 따라붙었다. 나는 지옥으로 갈 때는 나도 옷이 바뀌지는 것을 알았다.

어떤 모습이냐면 하얀 달라붙는 듯 한 웃옷과 하얀 승마복 바지를 입는다. 머리는 뒤로 하나로 묶어서 아주 날렵하고 경쾌하게 보인다.

나는 주님께 말했다. "주님 제게 교회를 분당시키고 깬 자들을 보여주세요?"라고.

그랬더니 보통 지옥으로 내려가는 것같이 한참 엘리베이터 타고 내려가듯이 내려갔다. 그리고 그들이 고통 받는 장소로 갔다.

그들은 벌거벗은 채로 손을 벌리고 벽에 기대어 서 있었고, 아니 마귀 부하들이 사람들을 이렇게 벽에 고정시켜 놓았다. 그리고 끝이 아주 뾰족한, 직경 약 20cm 정도의 큰 나무로 그들의 가슴을 퍽 찔렀다가 빼고 또 살이 그대로 붙으면 다시 그 나무 끝으로 또 퍽 찔렀다가 뺀다. 그 광경은 너무 무시무시하여 주여! 나는 나도 모르게 소리가 나왔다. 그 뾰족한 끝의 반대쪽은 끈으로 수평으로 어딘가에 매달려 있어서 마귀 부하들이 그것들을 끌어 당겨 사람의 가슴을 퍽 퍽 찌르고 빼고 하는 것이었다. 꼭 큰 종을 치는 것처럼....

우리 교회의 주인은 예수님이시다. 예수님의 피 값으로 사신 교회이다. 그 머리는 예수 그리스도시며 교회는 그의 몸인 것이다. 그런데 이 교회를 분당시키고 깨고 한 자들은 지옥에 와 있었다.

[엡 1:22-23] (22)또 만물을 그 발 아래 복종하게 하시고 그를 만물 위에 교회의 머리로 주셨느니라 (23)교회는 그의 몸이니 만물 안에서 만물을 충만케 하시는 자의 충만이니라

천국이
더 이상 보이지
않을 때 그 이유

(2013. 12. 25)

천국에 도착했다. 오늘은 크리스마스 날이다.

주님이 나의 바로 오른편에서 마리아는 나의 앞쪽 왼편에서 맞이하여 준다.

천국은 아직도 천국의 눈에 덮여 있다.

그리고 내 눈에 큰 크리스마스 츄리가 보인다.

그 나무는 너무 아름답게 장식 되었고 방울들이 달린 것이 아니라 아름다운 황금 띠들이 푸른 나무를 장식하고 있었다. 아기천사들이 그 띠들 위에서 미끄럼을 타듯이 오르락내리락 하고 있다. 참으로 아름다운 광경이었다.

그런데 나는 빨리 주님과 둘만 있고 싶었다.

왜냐하면 우리나라 전쟁에 대한 것을 물어보고 싶어서였다.

그래서 나는 마음으로 주님을 재촉했다.

그래서 우리는 마리아를 뒤에 두고 정원의 벤치로 갔다.

이 벤치는 주님과 내가 늘 가는 곳이다.

나는 벤치에 앉아 있다가 일어나서 벤치에 앉아계신 주님의 두 발을 내 손으로 안으면서 주님 발밑에 엎드려 간청하였다. 우리나라에 전쟁이 일어나지 않게끔 말이다.

그런데 주님의 발등은 못자국 구멍이 뚫려있는 발이다. 그것을 볼 때마다 또 가슴이 무너지듯 마음이 아프다. 그러나 저번에도 이렇게 주님 보좌 앞에서 발을 붙들고 주님께 우리나라에 전쟁이 일어나지 않게 하여 달라고 애원하였으나 아무 소용이 없었다. 오늘도 주님은 내가 아무리 발을 잡고 애원해도 소용이 없다.

주님은 반응이 없으시다. 그리고 나는 주님이 보시기에 되지도 않는 떼를 쓰고 있는 것이었다. 왜냐하면 그것은 이미 정하여진 하나님의 뜻인데 내가 아무리 간청한다하여 바꾸어질 내용이 아닌 것이다. 그러면 이제 더 이상 나에게 천국이 진행이 되지 않는다. 즉 안 되는 것을 자꾸 떼를 쓰면서 간청하고 있으니까 말이다. 그러면 나는 내려와야 한다. 그렇다. 나는 이미 주님이 결정한 사실을 바꾸려 하기 때문이다.

나는 주님으로부터 한국의 전쟁 메시지를 받은 이후에는 아직까지도 마음이 아파서, 사실은 천국의 다른 곳들을 별로 구경하고 싶지 않았다. 그리고 주님은 이제 내가 우리나라 전쟁 안 일어나게 해 달라고 간구하면 이제 더 이상 나를 천국 구경 안 시켜 주신다.

모든 것이 정지된 느낌이다. 천국이 진행이 안 된다.

아아! 나는 나의 조국 한국을 위하여 무엇을 할 수 있을까?

나는 주님 앞에서 내가 할 수 있는 것이 아무것도 없음을 알았다. 주님이 이미 결정한 사실을 인간인 내가 바꿀 수 없는 것이다.

[삼상 2:6-7] (6)여호와는 죽이기도 하시고 살리기도 하시며 음부에 내리게도 하시고 올리기도 하시는도다 (7)여호와는 가난하게도 하시고 부하게도 하시며 낮추기도 하시고 높이기도 하시는도다

[삼상 2:10] 여호와를 대적하는 자는 산산이 깨어질 것이라 하늘 우뢰로 그들을 치시리로다 여호와께서 땅 끝까지 심판을 베푸시고 자기 왕에게 힘을 주시며 자기의 기름 부음을 받은 자의 뿔을 높이시리로다 하니라

11

에스더의
집을 가다.

(2013. 12. 27)

천국에 올라갔다. 올라가자마자 주님이 나의 오른편에서, 또 마리아는 나의 왼편 앞쪽에서 나를 맞이하여 준다.

주님은 나와 함께 마리아를 뒤에 두고 어디론가 가신다.

이번에는 좀 웅장한 느낌과 엄숙한 느낌이 온다. 주님과 같이 행보를 할 때부터….

그리고 우리 구름에 여왕의 복장을 한 에스더가 금홀을 가지고 탔다. 우리는 에스더 집으로 향했다.

에스더의 집은 너무나 큰 궁궐이다.

천정이 아주 높은 벽과 지붕과 기둥들이 아름다운 보석들로 지어져 있다. 저번에도 에스더 집을 본적이 있는데 이번에는 궁 안이 훨씬 더 자세히 보였다.

궁 안에 왕이 앉는 자리가 앞쪽으로 놓여 있었다.

꼭 아하수에로 왕이 앉는 자리처럼….

그런데 주님이 여기 오실 때마다 거기 앉으심이 알아졌다.

에스더와 나 그리고 주님은 식탁에 앉았다.

그리고 쌀죽 같은 스프를 먹었다. 맛있었다.

우리는 말로 하지 아니하나 마음으로 통한다. 주님이 나를 이 에스더의 집에 데려 오신 것은 나로 하여금 에스더처럼 죽으면 죽으리랏다! 하여야 함을 말하기 위하여서였고 또 그 마음을 이 자리에서 마음으로 알게 하셨다.

그리고 에스더와 주님이 내 오른손을 잡으시고 기도하여 주셨다.

죽으면 죽으리랏다! 하는 마음이 내게 에스더처럼 생겨나게.....

에스더의 이 큰 궁전이 그냥 주어진 것이 아니라는 것이 느껴졌다. 나는 에스더에게 물었다.

어찌 그렇게 죽으면 죽으리랏다! 하고 마음을 먹었냐고?....

그랬더니 에스더가 말한다.

그의 삼촌 모르드개가 자기에게 말하기를 네가 왕후가 된 것이 이 때를 위함인 줄 어찌 알겠느냐? 고 말했을 때에 그 말이 진실인 것이 알아져서 또 그 때를 위하여 하나님이 나를 그렇게 왕후 되게 하신 것이 그냥 알아져서, 죽으면 죽으리랏다! 하는 마음으로 민족을 구하는데 힘을 썼다는 것이다.

그렇게 민족을 위하여 하나님의 백성을 위하여 죽으면 죽으리랏다! 하고 덤벼들었더니 자기와 자기민족을 살렸을 뿐 아니라 이러한 큰 궁전이 하늘에서 준비되어 있었다는 것이다. 할렐루야!

주님! 저도 이러한 삶을 살게 하소서!

영혼구원을 위하여 목숨을 바치게 하소서!

그것을 위하여 죽으면 죽으리랏다! 하게 하소서.....

[에 4:13-16] (13)모르드개가 그를 시켜 에스더에게 회답하되 너는 왕궁에 있으니 모든 유다인 중에 홀로 면하리라 생각지 말라 (14)이 때에 네가 만일 잠잠하여 말이 없으면 유다인은 다른 데로 말미암아 놓임과 구원을 얻으려니와 너와 네 아비 집은 멸망하리라 네가 왕후의 위를 얻은 것이 이 때를 위함이 아닌지 누가 아느냐 (15)에스더가 명하여 모르드개에게 회답하되 (16)당신은 가서 수산에 있는 유다인을 다 모으고 나를 위하여 금식하되 밤낮 삼일을 먹지도 말고 마시지도 마소서 나도 나의 시녀로 더불어 이렇게 금식한 후에 규례를 어기고 왕에게 나아가리니 죽으면 죽으리이다

지옥에서
가룟 유다를 보다.

(2013. 12.27)

[요 13:2] 마귀가 벌써 시몬의 아들 가룟 유다의 마음에 예수를 팔려는 생각을 넣었더니

천국에 올라갔다.

내가 주님께 가룟 유다의 모습을 보여 달라고 했다.

그랬더니 갑옷으로 무장한 천사 두 명이 나와 같이 갔다.

우리가 도착한 곳은 가룟 유다가 벌거벗은 채로 두 다리를 거꾸로 하여 매달려 있었다. 목에는 약 10cm 직경의 뱀이 목을 여러 번 감고 조이다가 푼다. 이것을 계속 되풀이 하는데 그 중간 중간에 마귀의 부하가 밑에 있는 머리로부터 도끼로 몸을 수직으로 자른다. 그러면 몸이 두 갈래로 갈라졌다가 다시 붙는다. 주여!

그리고 유다의 목이 너무 목이 타도록 마르다.

예수를 돈의 탐욕 때문에 은 30냥에 팔아넘긴 가룟 유다의 최후 모습이다.

[막 14:18-21] (18)다 앉아 먹을 때에 예수께서 가라사대 내가 진실로 너희에게 이르노니 너희 중에 한 사람 곧 나와 함께 먹는 자가 나를 팔리라 하신대 (19)저희가 근심하여 하나씩 하나씩 여짜오되 내니이까 (20)이르시되 열 둘 중 하나 곧 나와 함께 그릇에 손을 넣는 자니라 (21)인자는 자기에게 대하여 기록된 대로 가거니와 인자를 파는 그 사람에게는 화가 있으리로다 그 사람은 차라리 나지 아니하였더면 제게 좋을 뻔하였느니라 하시니라

주님께서
한국 전쟁은
마지막 때에 일어날
예정된 일이라 하신다.

(2013. 12. 28)

천국에 올라갔다.

오늘은 마리아가 안 보이고 길가에 수많은 흰 옷 입은 무리들이 있다. 이 장면은 저번에도 본적이 있다.

까만 머리를 양쪽으로 땋아 내린 젊은 여성이 앞으로 고개를 내밀고 환영한다.

그리고 주님과 내가 그 길을 들어서니 양 옆의 수많은 흰 옷 입은 자들이 우리를 환영하며 박수를 친다.

다시 우리 앞에는 땅이 위아래로 구불거리는 길이 놓여 있다.

이 길은 두 번째이다.

이전에 가보던 길이다.

이 길은 특별히 사도요한의 집으로 가는 길임을 알 수 있었다.

한참을 걷다가 경쾌하게 길이 Y 자 모양으로 두 갈래로 갈라지는 곳에 피크닉 테이블이 하나 놓여 있고 주님과 나는 그 테이블에 마주보고 앉았다.

이전에도 여기서 앉아서 얘기를 나누었었다.

조금 있으니 사도요한이 온다. 같이 앉았다.

나는 사도요한을 보자마자 엉엉 울었다.

"사도요한 선생님 주님이 우리나라에 전쟁이 난대요." 하면서 엉엉 운 것이다.

천국에 가면 내가 왜 그렇게 어린아이 같아지는지………

나는 이제 예수님께 아무리 우리나라에 전쟁이 일어나지 않게 하여 달라고 얘기해보았자 안 먹혀 들어가니까…. 요한 선생을 보자마자 하소연하고 싶어서 울었다.

그랬더니 건너편에 앉아 계신 예수님도 우신다.

주님도 우리나라에 전쟁이 일어나는 것에 대하여 매우 슬퍼하시는 것이다.

그런 후 사도 요한이 나에게 말한다. "마지막 때에 그것은 이미 예정된 것입니다"라고 말이다. 즉 이 세상 끝이 오기 전에 반드시 일어나야 할 일이 한국전쟁이라는 것이다.

그리고 중동에 이란 이라크와 이스라엘의 전쟁도 꼭 일어나야 한다고 했다.

주님이 왜 날 오늘 여기 즉 사도요한을 만나게 하셨는지 왜 이 말을 듣게 하시는지 그 마음이 알아졌다. 내가 자꾸만 주님 앞에서 전쟁 때문에 울고 하니까 또 안 일어나게 하여 달라고 애원하니까 나를 사도 요한에게 데리고 와서 그 일은 이미 마지막 때에 예정된 일이라는 것을 알려주시기 위해서였다.

주여! 정말 이 일을 어찌하면 좋겠습니까? 그리고 나는 내려왔다.

이웃에 대하여
거짓 증거 하는 자를
지옥에서 보다.

(2013. 12. 31)

천국에 올라갔다.

주님은 내가 지옥에 갈 줄 아시고 벌써 두 명의 검은 복장으로 무장한 천사들을 준비시켜 놓으셨다.

눈도 복면이다. 그런데 뒤에 까만 날개까지 달렸다.

둘이 좀 무시무시하다.

그러나 어찌하겠는가.

날 보호하러 보내신 것인데....

같이 밑으로 내려갔다.

그런데 얼굴이 동그랗고 하얀 소복을 입었는데 나이가 약 50대 후반에서 60대 초반으로 보이는 한국 여자가 보인다.

그녀는 두 손이 뒤로 묶인 채 마귀부하들이 끌고 간다.

그리고 진흙구덩이에 얼굴을 쳐 넣고 큰 돌을 눌러서 한참동안 잠기게 한다.

그리고 꺼낸다.

진흙이 코에서 눈에서 귀에서 입에서 막 나온다.

얼마나 괴로운지 모른다.

이 여인은 남을 중상모략하고 남에게 애꿎게 돈 내어 넣으라고 억지 부린 여자다. 진흙 구덩이에 넣고 진흙으로 숨쉬게 하고 진흙을 영원히 먹게 하는 것이다.

[출 20:16] 네 이웃에 대하여 거짓 증거하지 말지니라

Part II

천국과 지옥
간증

(2014. 1. 3 ~ 2. 28)

주님이 말씀하신 바깥 어두운데
슬피 울며 이를 가는
장소를 가다.

(2014. 1. 3)

주님을 보자마자 울었다. 왜냐하면 너무 보고 싶었기 때문이다.

주님은 너무 인자한 모습으로 나를 맞이해 주셨다.

주님과 나는 분명 황금 길을 걷고 있었는데 그 길이 갑자기 밑으로 내려가는 계단으로 바뀌는 것이었다. 황금으로 된 계단이다. 주님과 나는 밑으로 밑으로 내려갔다.

계단은 매우 가파랐고 우리는 한참을 밑으로 내려왔다. 내 생각으로 계단이 100개 이상 되는 것 같았다. 기분은 꼭 지옥으로 내려가는 것 같이 가파랐지만 분명 지옥은 아니었다.

지옥은 계단으로 내려가지 아니한다. 지옥은 꼭 엘리베이터 타고 내려가듯이 밑으로 밑으로 내려간다. 이런 계단으로 내려가는 것이 아니다.

더구나 이 계단들이 황금으로 되어 있다.

그리고는 우리는 결국 그 계단 아래 바닥에 도착했는데 거기는 바로 내가 하루 전에 본 광장이었다.

즉 어제는 이렇게 계단을 통하여 내려가는지 모르게 내려갔는데 오늘은 주님과 함께 내려오면서 계단으로 내려온 것이다.

하루 전에 나는 분명 금빛 나는 갑옷으로 무장을 한 6명의 천사들의 호위를 받으면서 이곳에 왔었다. 그런데 그 천사들이 거기에 벌써 와 있었다.

오늘 나는 여기에 주님과 함께 온 것이다.

여기에는 큰 건물을 뒤로하고 넓은 광장에 수많은 사람들이 앉아 있었다.

도대체 왜 여기에 이렇게 많은 사람들이 앉아 있을까 하고 고민하고 있는 그 때에 내 눈에 흰 옷을 입고 앉아 있던 사람들이 한 사람 한 사람씩 불려 나가 곤장을 때리듯이 매를 맞는 것이 보이는 것이었다. 오 마이 갓! (Oh my God!).

이곳은 매를 맞는 장소였다.

마태복음 24장 45절 이하에 보면 주인이 그 소유를 종들에게 맡기고 멀리 떠났다가 다시 와서 보았을 때에 충성되고 지혜 있는 종이 되어 그 집사람들을 맡아 때를 따라 양식을 나누어 준 자는 주인이 다시 왔을 때에 복을 받지만 그러지 못하고 주인이 올 때까지 동무들을 때리며 술친구들로 더불어 먹고 마신 종은 주님이 말씀하시기를 마 24장 51절 말씀에 엄히 때리고 외식하는 자의 받는 율에 처하리니 거기서 슬피 울며 이를 갊이 있으리라 했는데 우리가 지금 천국에서 황금계단을 통하여 내려간 그곳은 바로 이런 자들이 와서 매를 맞는 장소였던 것이다.

이곳은 분명 지옥이 아니었다.

[마 24:45-51] (45)그러면 그의 주인이 자기 집을 다스릴 자로 세워, 정한 시기에 그들에게 양식을 나눠 주게 할 신실하고 현명한 종이 누구겠느냐? (46)그의 주인이 와서 종이 그렇게 하고 있는 것을 보리니, 그 종은 복이 있도다. (47)진실로 내가 너희에게 말하노니, 주인이 그를 그의 모든 재산을 다스리는 자로 세울 것이라. (48)만일 그 악한 종이 마음에 생각하기를 주인이 더디 오리라 하여 (49)동무들을 때리며 술친구들로 더불어 먹고 마시게 되면 (50)생각지 않은 날 알지 못하는 시간에 그 종의 주인이 이르러 (51)엄히 때리고 외식 하는 자의 받는 율에 처하리니 거기서 슬피 울며 이를 갊이 있으리라

나는 그리고 나서 한 번 더 천국에 올라갔다. 천국에 올라가자마자 또 밑으로 내려가는 계단이 보였다. 그리고 주님과 나는 다시 조금 전에 내려갔던 그곳으로 내려왔다. 이번에는 단발머리를 한 얼굴이 길고 갸름한 청년이 흰 옷을 입었는데 엉덩이 부분의 옷이 내려와져 있고 엉덩이가 맞아서 시퍼런 멍이 든 것이 보였다. 젊은 여자도 보였다. 이들은 여기 앉아서 슬피 울며 이를 갈았다. 그리고 나는 여기 있는 모든 사람들이 젊은이들이라는 것을 알았다. 천국에서 모든 사람들이 젊은 것처럼.....

지옥은 그렇지 않다. 그들이 죽을 때의 나이 그대로 보인다.

이 장소는 소위 성경에서 말하는 바깥 어두운데 슬피 울며 이를 가는 장소인 것이다.

이 장소는 분명 계시록에 나오는 이기지 못하는 자들이 가는 장소인 것이 틀림이 없다.

이들은 생명나무에 나아가며 문들을 통하여 성에 들어갈 권세가

없는 자들인 것이다.

[계 22:13-15] (13)나는 알파와 오메가요 처음과 나중이요 시작과 끝이라 (14)그 두루마기를 빠는 자들은 복이 있으니 이는 저희가 생명 나무에 나아가며 문들을 통하여 성에 들어갈 권세를 얻으려 함이로다 (15) 개들과 술객들과 행음자들과 살인자들과 우상 숭배자들과 및 거짓말을 좋아하며 지어내는 자마다 성밖에 있으리라

여기서 성밖이라함은 새예루살렘 성밖을 말함에 틀림이 없다. 왜냐하면 계 21장 1-2절을 보면 새하늘과 새땅이 열리고 새예루살렘성이 내려왔기 때문이다.

[계 21:1-2] (1) 또 내가 새 하늘과 새 땅을 보니 처음 하늘과 처음 땅이 없어졌고 바다도 다시 있지 않더라 (2)또 내가 보매 거룩한 성 새 예루살렘이 하나님께로부터 하늘에서 내려오니 그 준비한 것이 신부가 남편을 위하여 단장한 것 같더라

그래서 그 두루마기를 예수의 피에 철저히 빠는 자는 이 성안으로 들어갈 권세를 얻어서 생명나무에 나아가지만 그렇지 못하고 개들의 생활을 한 사람은 들어가지 못한다. 성경에서 개들에 대하여서는 이사야 56 장 9절에서 부터 12절에 잘 나타나 있다.

[사 56:9-12] (9)『들의 짐승들아 삼림 중의 짐승들아 다 와서 삼키라』 (10)『그 파수꾼들은 소경이요 다 무지하며 벙어리 개라 능히 짖지

못하며 다 꿈꾸는 자요 누운 자요 잠자기를 좋아하는 자니』 (11)『이 개들은 탐욕이 심하여 족한 줄을 알지 못하는 자요 그들은 몰각한 목자들이라 다 자기 길로 돌이키며 어디 있는 자이든지 자기 이만 도모하며』 (12)『피차 이르기를 오라 내가 포도주를 가져오리라 우리가 독주를 잔뜩 먹자 내일도 오늘 같이 또 크게 넘치리라 하느니라』

이 개들은 적이 성도들을 잡아먹으러 와도 제대로 짖지 못하는 목자들을 의미한다.

성도들을 이용하여 주님의 길이 아니라 자기의 길로 치우치는 자들로 세상이 주는 즐거움인 포도주와 독주를 끼리끼리 모여서 오늘도 내일도 즐기자하는 자들이다.

처음에는 비록 성령으로 시작하였다하더라도 육체로 마치는 자들이다. 그들은 하나님보다 진리보다 결국 세상의 명예를 쫓아가거나 권력을 쫓아가는 경우를 말한다.

성경은 이들을 개들로 표현하고 있으며 그들이 가는 곳은 결국 예수를 믿었어도 새예루살렘성안이 아닌 성밖으로 쫓겨나는 것이다.

그리고 신약에서 주님은 사람이 여자를 보고 음욕을 품어도 간음죄라 했다. 또한 사람을 죽여서 살인죄가 아니라 사람을 미워하는 것이 살인죄라 했다. 그리고 예수를 믿어도 돈을 더 따라가는 자들이 얼마나 많은지 혹은 하나님보다 자식을 더 사랑하는 자들도 있다. 이것은 다 우상숭배에 해당한다.

그리고 예수믿으면서도 얼마나 거짓말을 많이하며 또한 거짓말을 잘 지어내는지....어떤이들은 자기가 살아남고 남을 매장시키기 위한 거짓말을 서슴없이 만들어내기도한다.

이러한 모든 자들은 예수를 믿었어도 오늘 내가 본 이 장소 즉 새예루살렘 성밖으로 쫓겨나서 매도 맞고 슬피 울며 이를 갈게 되는 것이다.

오늘 나는 주님과 같이 이 장소에 두번이나 온 것이다. 주여!

나는 이 장소가 바로 신랑 예수를 기다리고 있던 열처녀중에 기름을 충분하게 준비하지 못하여 정작 주님 오실 때에 그들의 불이 꺼져가고 있었던 미련한 다섯처녀가 문 안으로 못들어가고 남게 된 장소로 생각된다. 이곳은 지옥이 아니라 새하늘과 새땅인데 그러나 새예루살렘 성밖인 것이다. 주여!

그런데 오늘 주님이 내게 이 장소를 오늘 두 번이나 보여 주시는 이유가 무엇일까?

최근에 나에게 자꾸만 자신의 생활의 어려움을 말씀하시는 분이 계셨다. 두 번이나 조금씩 도와드렸건만 또 해야 하나 하는 부담감이 와서 나는 갈등하고 있었던 것이다. 없는 자에게 내 영은 도와주어야 하는 것은 알고 있었으나 마음이 선뜻 내키지 않고 있었다. 그러나 해야 한다는 것은 알고 있었다.

주님은 조금이라도 갈등하는 마음이 있는 나에게 이 장소를 보여주심으로 말미암아 나더러 지혜롭고 슬기로운 청지기가 되길 원하심을 깨우쳐 주시는 것으로 받았다. 천국을 보는 이점이 여기에 또 있다. 내가 잘못된 길을 가거나 무엇이 옳은지 갈등하고 있을 때에 하나님은 천국에서 확실히 나에게 알려주신다.

최근에 죽은
이단의 괴수 OOO를
지옥에서 보다.

(2014. 1. 4)

　지옥에서 이단의 괴수 OOO을 보았다.

　그는 유명한 이단의 괴수이다.

　그는 위로 벌거벗은 채로 매달려서 마귀의 부하들이 벌겋게 달
군 인두로 여기저기 살을 지지고 있었다. 살타는 냄새가 나는 것
같았다.

　마귀의 부하들이 그 살갗을 지지는 것보다 아니 오히려 찌르고
있다함이 옳을 것이다.

　그리고 그는 많은 사람들을 혀로 잘못 인도하였으니 마귀의 부
하가 그 혀를 뽑아서 저편에다가 고정시켜두고 칼로 쳐서 잘라버
린다. 주여!

다윗의
집에 다시 가다.

(2014. 1. 7)

천국에 도착했다.

나는 그냥 얼굴을 주님의 옷자락에 파묻고 울었다.

주님이 나의 모든 죄를 용서하여 주셨다.

형제의 잘못을 용서하지 아니하면 네 죄도 용서하지 아니하신다 했다. 나는 기도하면서 형제의 잘못을 용서하고 나의 죄를 용서하심을 구했다.

그랬더니 주님은 나 같은 죄인도 용서하여 주신 것이다.

주님과 나는 구름을 타고 높이 빠르게 날고 있는데 저 하늘에 아름다운 큰 무지개가 보인다. 나는 무지개만 보면 기분이 무척 좋다.

그리고 두 명의 하얀 두 날개 달린 천사가 우리 구름에 탔다.

나는 주님과만 있고 싶었다. 천사들이 같이 있는 것을 원치 않았다.

내 마음을 알고 두 천사들이 날개를 펴고 먼저 잽싸게 날아간다.

먼저 우리 앞으로 날아가는 것이다.

주님이 나를 어디로 데리고 가시는가? 하고 궁금해 하고 있는데 벌써 황금색 옷을 입은 청년이 보인다. 누구지? 하고 생각하는데 다윗임을 알았다.

천국에서는 내가 질문을 가지면 그 다음 그 답이 그냥 알아진다.

저번에는 갑옷을 입고 칼까지 찬 다윗을 보았는데 오늘은 금색 옷을 입은 짧은 치마 같은 옷차림을 한 미소년을 보는 것 같았다. 다윗은 면류관을 쓰고 있지 않았다.

그는 매우 큰 웅장한 궁궐로 우리를 인도하여 갔다.

주님과 나 그리고 다윗이 그 궁으로 들어서자 먼저 흰 옷 입은 아이들이 쏟아져 나오면서 우리를 맞이했다. 이 아이들은 전에 주님의 보좌 앞에서 나아오던 아이들이었다.

그 다음은 황금색과 벌건디색의 옷으로 입은 많은 무리들이 쏟아져 나와 우리를 영접했다. 지난번 내가 다윗의 집에 왔을 때에는 흰색 옷을 입은 무리들이 양쪽에 나란히 서서 우리를 맞이했던 것을 기억한다.

동일한 그들인데 이제 그들이 다 옷을 갈아입고서 우리를 맞이하는 것이다.

다윗이 이번에는 다른 옷을 입고 우리를 맞이하듯이 말이다.

이번에는 많은 어린 아이들이 먼저 우리를 마중하러 나온 것이 틀리다. 궁 안으로 들어가니 직사각형의 긴 테이블들이 많이 놓여 있다.

궁의 가장 앞쪽에 놓인 긴 테이블에 주님이 주님의 자리에 앉으시고 그의 오른편 첫째에 다윗이 앉고 그 다음에는 아비가일이 앉았다. 그 다음에는 많은 사람들이 쭉 앉아 있는데 그들의 얼굴은 안 보인다.

나는 주님의 왼편 첫째자리에 앉았다. 그리고 내 옆으로도 많은 사람들이 앉아 있는데 얼굴은 잘 모르겠다. 아비가일의 얼굴이 참 이쁘다. 상큼하고 큰 눈에 소녀같이 아름답다.

우리는 대화를 시작했다. 내가 묻는 형식이었다.

전쟁이 날 때 어떻게 하는 것이 가장 좋은 것인가요? 하고 물었다. 그리하였더니 다윗이 말한다.

기도하는 것이 최선입니다. 라고 말한다.

그렇구나!……수긍이 갔다. 왜냐하면 다윗은 전쟁에 나가기 전에 항상 하나님께 무릎을 꿇고 먼저 물어본 것이 생각난 것이다.

그는 늘 이렇게 물었다.

"하나님 치러 갈까요? 말까요? 우리가 이깁니까? 집니까?"

맞다. 다윗은 전쟁이 날 때에 늘 하나님 앞에 앉아서 하나님의 의견을 물었었다.

오늘 주님이 나를 여기 다윗의 집에 데리고 오신 이유가 바로 이 점을 나에게 명확하게 하여 주시기 위하여 데려왔음을 알 수 있었다. 할렐루야.

나는 그 다음은 지옥을 보기 원했으나 보지 못하고 내려왔다.

추가기록 :

오늘 우리가 올라간 곳이 천국의 4층인 것 같다.

왜냐하면 OOO목사님이 말씀하신 것을 보면 4층에 있는 사람들은 다 금색 옷을 입고 있다는 것이다.

오늘 나는 금색 옷을 입은 다윗을 만났다. 최고 영광을 받은 자들이 가는 곳이 4층이라 했다. 할렐루야!

왕권을 가진 자들이 사는 곳........

아직 나에게는 이러한 천국의 층수가 밝혀지고 있지 않다.

그러나 확실한 것은 천국에도 주님과 내가 구름을 타고 나는 레벨이 각각 다르다.

그 높이가 많이 다른 것이다. 언젠가는 주님이 이 층수도 나에게 명확히 가르쳐 주실 날이 오리라 믿는다.

천국에서
엘리야와 엘리사를
만나다.

(2014. 1. 7)

천국에 올라갔다.

이번에는 주님이 정말 내가 오랫동안 집안에 걸어 놓았던 예수님 그림에서 보던 그대로의 모습을 하고 계신 것이다.

얼마나 감격스러운지...

나는 주님께 물었다. 엘리야와 엘리사를 보여 달라고 했다..

그리하였더니 주님은 나를 인간창조역사관으로 데리고 가신다.

여기서 조금 설명이 필요한 것 같아서 해야겠다.

인간창조역사관은 들어가는 입구 즉 그 층은 기본층이라 불러야한다.

왜냐하면 이 기본층을 중심으로 하여 위로 1, 2, 3층이 있고 그리고 이 기본층 아래로 지하로 1, 2, 3층이 더 있다. 즉 통합하여 모두 7개의 층으로 되어 있는 셈이다.

현관으로 들어가는 입구가 있는 기본층은 예수님에 대한 그림들로 예수님의 탄생부터 승천까지를 다루고 있고 그 기본층 아래 1, 2, 3층은 구약을 다루고 있다. 가장 아래층 3층에는 하나님의 천지

창조부터 시작한다. 그리고 지상 1, 2, 3층이 있는데 지상 1층은 사도행전부터 시작한다.

내가 주님께 엘리야와 엘리사를 보여 달라고 했더니 주님은 나를 인간창조역사관에 데리고 와서 지하 1층으로 내려 가셨다.

즉 지하 1층에 엘리야 이야기가 있는 것이다.

즉 엘리야가 하늘을 향하여 두 손을 들고 하나님께 불을 내려달라고 기도하고 있고 그 때에 하늘에서 불이 내려서 번제단을 훑고 있는 그림이었다.

그리고 또 나는 엘리야가 회리바람으로 하늘로 들려 올리워지는 그림을 볼 수 있었다. 이 그림에서는 엘리야의 겉옷이 하늘에서 떨어지고 있었고 엘리사가 그 겉옷이 내려오는 것을 두 눈을 크게 뜨고 그것을 잡으려고 노력하는 그림이었다.

나는 그 그림들을 보고 있는데 엘리야가 나타났다.

엘리야는 키가 크다. 그리고 챠름하게 바닥에 끌리는 긴 옷을 입고 있다.

그리고 얼굴이 조금 긴 청년이다.

그리고는 곧 엘리사가 나타났다.

그는 보통 키에다 머리는 대머리가 아니다. 옷은 무릎까지 내려오는 옷을 입고 있었다.

그림 앞에 있던 우리는 즉 주님과 나 그리고 엘리야와 엘리사, 우리 모두는 엘리야의 집으로 향했다. 엘리야의 집은 구름에 둘러싸여 있었다.

지붕이 둥글고 끝이 뾰족한 여러 지붕들로 지어진 집이다. 둥근 지붕의 색깔은 벽과 동일한 아이보리색과 비슷한 거의 흰색에 가까운 색이었다.

엘리야의 집의 정원에는 아름다운 정자가 있었다.

그리고 잉어들이 뛰어 노는 연못이 있다.

우리가 도착하자 대 여섯 마리의 잉어들이 위로 뛰어올라 서로 입을 맞추면서 우리를 환영하였다.

엘리야의 현관문은 황금 문이었고 우리는 현관문을 통하여 안으로 들어갔다.

집안에 있는 테이블에 주님이 내 앞에 마주보고 앉으시고 그리고 그 옆에는 주님의 오른쪽으로 엘리야와 엘리사가 앉았다.

나는 그들의 반대편에 앉았다.

그들은 나에게 주님으로 받은 모든 은사를 전수하기를 원했다.

엘리야는 우리와 동일한 성정을 가진 자이나 기도하니 비가 삼년 반 동안 비가 오지 아니하였고 또 기도하였더니 비가 오기 시작하였던 것이다.

[약 5:17-18] (17)엘리야는 우리와 성정이 같은 사람이로되 저가 비 오지 않기를 간절히 기도한즉 삼년 육개월 동안 땅에 비가 아니 오고 (18)다시 기도한즉 하늘이 비를 주고 땅이 열매를 내었느니라

즉 나도 그렇게 기도하면 그러한 역사가 일어나는 은사를 달라고 하는 마음이 생겼다.

또 엘리야는 사르밧 과부의 죽은 아들을 살렸다. 나는 또 엘리야로부터 죽은 자를 살리는 능력을 전수받기를 원했다.

[왕상 17:17-24] (17)이 일 후에 그 집 주모 되는 여인의 아들이 병들어 증세가 심히 위중하다가 숨이 끊어진지라 (18)여인이 엘리야에게 이르되 하나님의 사람이여 당신이 나로 더불어 무슨 상관이 있기로 내 죄를 생각나게 하고 또 내 아들을 죽게 하려고 내게 오셨나이까 (19)엘리야가 저에게 그 아들을 달라 하여 그를 그 여인의 품에서 취하여 안고 자기의 거처하는 다락에 올라 가서 자기 침상에 누이고 (20)여호와께 부르짖어 가로되 나의 하나님 여호와여 주께서 또 내가 우거하는 집 과부에게 재앙을 내리사 그 아들로 죽게 하셨나이까 하고 (21)그 아이 위에 몸을 세번 펴서 엎드리고 여호와께 부르짖어 가로되 나의 하나님 여호와여 원컨대 이 아이의 혼으로 그 몸에 돌아오게 하옵소서 하니 (22)여호와께서 엘리야의 소리를 들으시므로 그 아이의 혼이 몸으로 돌아오고 살아난지라 (23)엘리야가 그 아이를 안고 다락에서 방으로 내려가서 그 어미에게 주며 이르되 보라 네 아들이 살았느니라 (24)여인이 엘리야에게 이르되 내가 이제야 당신은 하나님의 사람이시요 당신의 입에 있는 여호와의 말씀이 진실한 줄 아노라 하니라

나는 그뿐 아니라 엘리사로부터는 하나님께서 엘리사의 생도의 아내를 통하여 일으키신 기적 즉 기름 한 병으로 동네에서 빈 모든 그릇에 채우도록 기름이 떨어지지 아니한 그 오병이어와 같은 기적의 능력을 전수받고 싶었다.

[왕하 4:1-7] (1)선지자의 생도의 아내 중에 한 여인이 엘리사에게 부르짖어 가로되 당신의 종 나의 남편이 이미 죽었는데 당신의 종이 여호와를 경외한 줄은 당신이 아시는 바니이다 이제 채주가 이르러 나의 두

아이를 취하여 그 종을 삼고자 하나이다 (2)엘리사가 저에게 이르되 내가 너를 위하여 어떻게 하랴 네 집에 무엇이 있는지 내게 고하라 저가 가로되 계집종의 집에 한 병 기름 외에는 아무 것도 없나이다 (3)가로되 너는 밖에 나가서 모든 이웃에게 그릇을 빌라 빈 그릇을 빌되 조금 빌지 말고 (4)너는 네 두 아들과 함께 들어가서 문을 닫고 그 모든 그릇에 기름을 부어서 차는 대로 옮겨 놓으라 (5)여인이 물러가서 그 두 아들과 함께 문을 닫은 후에 저희는 그릇을 그에게로 가져 오고 그는 부었더니 (6)그릇에 다 찬지라 여인이 아들에게 이르되 또 그릇을 내게로 가져 오라 아들이 가로되 다른 그릇이 없나이다 하니 기름이 곧 그쳤더라 (7)그 여인이 하나님의 사람에게 나아가서 고한대 저가 가로되 너는 가서 기름을 팔아 빚을 갚고 남은 것으로 너와 네 두 아들이 생활하라 하였더라

또한 그 뿐 아니라 나는 엘리사의 오직 하나님만을 높여드리고자 하는 그 겸손함을 본받고 싶었다.

[왕하 5:9-14] (9)나아만이 이에 말들과 병거들을 거느리고 이르러 엘리사의 집 문에 서니 (10)엘리사가 사자를 저에게 보내어 가로되 너는 가서 요단강에 몸을 일곱번 씻으라 네 살이 여전하여 깨끗하리라 (11)나아만이 노하여 물러가며 가로되 내 생각에는 저가 내게로 나아와 서서 그 하나님 여호와의 이름을 부르고 당처 위에 손을 흔들어 문둥병을 고칠까 하였도다 (12)다메섹강 아마나와 바르발은 이스라엘 모든 강물보다 낫지 아니하냐 내가 거기서 몸을 씻으면 깨끗하게 되지 아니하랴 하고 몸을 돌이켜 분한 모양으로 떠나니 (13)그 종들이 나아와서 말하여 가로되 내 아버지여 선지자가 당신을 명하여 큰 일을 행하라 하였더면

행치 아니하였으리이까 하물며 당신에게 이르기를 씻어 깨끗하게 하라
함이리이까 (14)나아만이 이에 내려가서 하나님의 사람의 말씀대로 요
단강에 일곱번 몸을 잠그니 그 살이 여전하여 어린아이의 살 같아서 깨
끗하게 되었더라

　주님께서는 이 모든 것을 그 자리에서 생각나게 하시면서
　그들이 모두 내 두 손위에 그들의 손을 얹고 또 주님이 그들의
손위에 주님의 손을 얹으시고 나를 위해 기도하여 주셨다.
　그 모든 은사들이 내게 전수될 수 있도록 말이다. 할렐루야.....

19

인간창조역사관에
전쟁 후 북한에 빛이
비춰지는 그림이 있다.

(2014. 1. 8)

천국에 올라갔다.

그런데 이번에는 길이 아니라 벌써 어딘가에 와 있는 느낌이다.

너무나 밝고 아름답고 매우 귀한 장소이다. 모든 것이 아름답고 금으로 보석으로 아이보리 색을 가진 아주 포근한 느낌이다.

아기천사도 보인다.

보통 아기천사가 하얀 날개 가지고 있는데 이번에는 아기천사가 금색날개를 가지고 있다. 와우! 금색날개를 가진 천사도 있구나.... 나에게 감탄사가 흘러 나왔다.

그리고 나는 내가 벌써 하나님의 보좌가 있는 장소의 그 입구 쪽에 와 있는 것이다.

즉 계단 쪽에 와 있다.

하나님의 보좌로 올라가는 계단은 입구 쪽에서 보면 열 몇 개정도의 황금계단이다. 그 황금계단을 올라갔다. 그리고 입구를 통하여 쭉 걸어 들어갔다.

들어갈 때에 양쪽에 흰 옷 입은 천사들의 날개가 보였다. 이렇게 양쪽에 선 천사들에게서 날개들이 보인 것은 처음이다. 이전에는 그냥 천사들이 양쪽에 쭉 늘어서 있는 것만 보였다. 마침내 나는 걸어 들어가서 주님의 보좌 앞에 납작 엎드렸다.

그리고 그 자리에서 깊게 모든 것을 회개하였다. 내 영혼이 신음하면서 말이다.

그리하였더니 나의 회개가 받아지더니 주님의 오른편에 있는 흰 옷 입은 두 날개 달린 천사들이 빵빠라 빵빠라 나팔을 분다. 즉 나의 모든 죄가 사하여졌음을 축하하는 것이었다.

그리고 나서 나는 주님께 물었다.

"주님, 한국에 전쟁이 언제 일어나는 것입니까?"하고 나는 너무 심각한 이야기라 너무 조심스럽게 차마 입을 떼지 못하고 마음으로 신음하면서 묻고 있었다.

그러나 거기에 대하여 주님은 아무런 말씀이 없으셨다.

한참을 그러고 있다가 주님과 나는 인간창조역사관으로 갔다.

우리는 우리가 들어온 입구 그 기본층 말고 그 위로 지상 2층에 와 있었다. 그리고 나에게 그림들이 보였다. 처음에 보인 그림은 어둠에 갇혀 있던 북한 사람들에게 큰 빛이 비추어지는 그림이었다. 그 빛은 그 그림의 왼쪽위로부터 아래로 사람들에게 비춰지고 있었다. 어둠속에 있다. 사람들이 그 빛을 보고 두 손을 들고 크게 기뻐하는 모습이 그려져 있었다.

이 빛은 예수 그리스도이심에 틀림이 없다.

[요 1:9-13] (9)참빛 곧 세상에 와서 각 사람에게 비취는 빛이 있었나

니 (10)그가 세상에 계셨으며 세상은 그로 말미암아 지은바 되었으되 세상이 그를 알지 못하였고 (11)자기 땅에 오매 자기 백성이 영접지 아니하였으나 (12)영접하는 자 곧 그 이름을 믿는 자들에게는 하나님의 자녀가 되는 권세를 주셨으니 (13)이는 혈통으로나 육정으로나 사람의 뜻으로 나지 아니하고 오직 하나님께로서 난 자들이니라

[요일 1:5] 우리가 저에게서 듣고 너희에게 전하는 소식이 이것이니 곧 하나님은 빛이시라 그에게는 어두움이 조금도 없으시니라

즉 북한에 예수그리스도의 복음이 들어감에 틀림이 없다.

그리고 그 바로 이전의 그림은 안 보이고 그 다음 전 그림이 내게 보였는데 그것은 제 2차 한국전쟁에 관한 것이었다.

그러나 내가 전쟁 날짜를 보려했으나 날짜는 보이지 않았다.

20

천국에서
남한과 북한이
통일됨을 보여주시다.

(2014. 1. 11)

천국에 도착했다.

오늘은 내 얼굴이 더 자세히 보였다. 머리가 좀 길어졌다.

주님과 함께 나는 황금계단으로 밑으로 밑으로 내려갔다.

즉 외식하는 자들의 받는 처벌이 내려지는 곳으로 나는 주님과 함께 다시 간 것이다.

그러자 나는 주님께 말했다.

"주님 알았습니다. 이제 알았어요. 할께요."

주님은 내가 어떤 돈이 필요한 자에게 돈을 보내야 함을 나에게 계속 상기시켜주고 계신 것이었다. 충성되고 지혜로운 청지기 역할을 감당하라는 것이었다.

안 그러면 너도 여기 온다는 메시지였다. 한국의 어떤 목사님에게 말이다.

[마 24:45-51] (45)충성되고 지혜 있는 종이 되어 주인에게 그 집 사람들을 맡아 때를 따라 양식을 나눠 줄 자가 누구뇨 (46)주인이 올 때에

그 종의 이렇게 하는 것을 보면 그 종이 복이 있으리로다 (47)내가 진실로 너희에게 이르노니 주인이 그 모든 소유를 저에게 맡기리라 (48)만일 그 악한 종이 마음에 생각하기를 주인이 더디 오리라 하여 (49)동무들을 때리며 술친구들로 더불어 먹고 마시게 되면 (50)생각지 않은 날 알지 못하는 시간에 그 종의 주인이 이르러 (51)엄히 때리고 외식 하는 자의 받는 율에 처하리니 거기서 슬피 울며 이를 갊이 있으리라

나는 주님보고 올라가자하여 다시 올라왔다.
올라온 순간 우리는 어느새 테이블에 앉게 되었다.
주님이 주님의 자리에 앉으시고 긴 테이블에 회의할 때처럼 대통령이 앉는 자리처럼 그 자리에 앉으시고 그 테이블 양쪽으로 양쪽에 오른쪽 편에 주님께 가까운 차례로 마리아가 와서 앉고 그 다음 다윗이, 그 다음에는 솔로몬이, 그 다음에는 사도요한이 또한 그 다음에는 에스더가 와서 앉았다.
주님의 왼편으로는 주님 쪽으로 가장 가깝게 내가 앉았고 그 다음은 바울, 그 다음에는 베드로, 그 다음에는 세례요한, 그 다음에는 삭개오가 와서 앉았다.

그리고 그 테이블 한 가운데는 우리나라 지도가 놓여 있었다.
북한쪽이 주님 쪽으로 놓이게 그려진 지도였다.
즉 이 한국지도를 놓고 주님과 믿음의 선진들 그리고 내가 앉아 있었다. 그런데 그 한국지도에서 38선이 그려져 있었는데 그 38선이 없어지면서 온 나라가 녹색칼라로 변하는 것이었다.
이 광경을 우리는 모두 보고 있었다.

즉 녹색으로 통일이 되는 것을 의미하였다... 할렐루야.

주님 감사합니다. 하고 나는 내려왔다.

[마 4:16-17] (16)흑암에 앉은 백성이 큰 빛을 보았고 사망의 땅과 그늘에 앉은 자들에게 빛이 비취었도다 하였느니라 (17)이때부터 예수께서 비로소 전파하여 가라사대 회개하라 천국이 가까왔느니라 하시더라

주님이
교회 세습에 대하여
말씀하시다.

(2014. 1. 13)

천국에 올라가자마자 나는 벌써 보석 꽃동산에 내가 와 있는 것을 발견했다.

이번에는 꽃잎들이 다 크고 아름다운 보석으로 만들어져 있었다. 자수정으로 만들어진 꽃들과 또 분홍색 수정으로 된 꽃들이 있는데 너무 너무 이쁘고 아름답다.

감탄사가 절로 나왔다. 너무 아름다워서.....

그리고 나는 주님과 함께 있는 것이 너무 좋았다.

나는 거기서 주님에게 안기기도 하고 주님은 나와 함께 나란히 손잡고 걸으시기도 했다. 그리고 손잡은 채로 나를 빙빙 돌리시기도 하시면서 나와 즐거워 하셨다.

"딸아! 딸아!" 하시면서.....

그러다가 내가 바다로 가고 싶다는 생각을 하자
우리는 벌써 마리아의 집에 와 있었다.
왜냐하면 마리아의 집 앞에 바다가 있기 때문이다.

이번에는 집 뒷편에 카우치가 분홍색 빛이 나는 것들로 놓여져 있었다. 시중드는 천사가 분홍드레스에 청동색의 날개를 가지고 서 있었다.

우리는 카우치에 앉아 있다가 바다로 갔다. 그리고 우리는 이전에 주님과 내가 타던 조개비에 올라 탄 것이다.

이번에는 거기에 세 명이 함께 탔다.

예수님 마리아 그리고 나. 그래서 그런지 그 조개비가 조금 넓어졌다. 그리고 우리는 서로 마주보고 앉아 있었다. 삼각형처럼……

나는 주님께 질문하였다.

교회를 세습하는 문제에 있어서 말이다.

아버지 목사가 아들 목사에게 교회를 물려주는 것에 대하여 말이다. 주님은 나에게 마음으로 알게 하신다.

아들의 먹고 사는 문제 때문에 즉 육신적인 생각으로 욕심에서 비롯되어 교회를 아들에게 물려준다면 그것은 대단히 잘못된 것임을 알게 하신다. 즉 이것은 교회의 주인은 하나님이신데 자기가 주인인 마냥 교회를 아들에게 물려주는 것은 성령모독죄로서 교회를 팔아먹는 것과 같은 죄에 해당한다고 말씀하신다.

(교회를 팔아먹은 자는 목사라도 지옥 간다. 지난번에 보니까 목사님들이 지옥에 와 있는데 교회를 팔아먹은 자도 거기에 와 있었다.)

그러나 정말 교회를 사랑하여 아무리 보아도 다른 사람보다 아들 목사가 맡아서 주님의 뜻대로 교회를 운영할 것 같으면 그래서 아들에게 물려주는 것이라면 하나님도 기뻐하신다는 것이다.

즉 주님은 교회를 세습하는 그 마음의 동기를 보시고 상과 벌을 내리실 것이다. 겉모양은 동일한 세습이나 그러나 속은 완전히 다르다는 것이다.

[삼상 16:7] (7)여호와께서 사무엘에게 이르시되 그 용모와 신장을 보지 말라 내가 이미 그를 버렸노라 나의 보는 것은 사람과 같지 아니하니 사람은 외모를 보거니와 나 여호와는 중심을 보느니라

18년 전에
본 환상을 천국에서
다시 보다.

(2014. 1. 14)

　천국으로 가기 위해 두 천사가 두 말이 끄는 황금보석 꽃수레 마차를 가지고 나를 데리러 왔다.

　그런데 마차를 타지 않고 바깥에서 수호하는 천사도 그리고 마차를 운전하는 천사도 오늘 따라 특별히 모자를 쓰고 있다.

　밀짚모자 같은 모자를 둘 다 쓰고 있다.....

　아니 이것이 웬 일이야? 오늘 나를 데리러 온 두 천사들이 밀짚모자를 쓰고 있다니!

　처음 보는 장면이다. 정말 무슨 일인지 잘 모르겠다.

　내 머릿속에는 "설마 예수님도?" 하는 마음이 생겼다.

　그리고 나는 마차를 타고 천국으로 빠르게 올라갔다.

　예수님의 얼굴은 내가 항상 거실에 걸어두고 보던 머리가 어깨까지 내려온 그 모습이었다. 그 모습을 보니 얼마나 감개가 무량한지...

　그리고 그에게서 이전에 느끼지 못했던 오늘 따라 매우 밝고 환한 빛이 퍼져 나오고 있었다.

나는 주님을 보는 것만으로도 너무 좋다.

그런데 주님이 갑자기 밀짚모자를 쓰셨다가 벗으시면서 (이런 경우에 밀짚모자가 없었는데 갑자기 생겼다) 황금 벌판에 무르익은 벼들이 고개들을 숙이고 철렁거리고 있는 벌판으로 나를 인도하신 것이다.

나는 그 광경을 보는 순간 내 눈에서는 울음이 터져 나왔다.

왜냐하면 이 광경에서 주님은 농부로 표현되신 것이었고 그리고 주님은 황금벌판의 이 익은 벼들을 추수할 일꾼이 필요하신 것이었다. 그것을 보자 나는 울기 시작하였다.

내 지상의 몸도 들썩거리며 울기 시작하였다. 왜냐하면 그 익은 벼들은 반드시 내가 추수해야하는 영혼들로 여겨졌기 때문이다.

아니 적어도 이 광경에서 주님은 내게 그렇게 말씀하고 계셨던 것이다. 곧 성경의 말씀이 생각났다.

너희는 추수할 때가 아직 아니라고 하나 눈을 들어 밭을 보라.

희어져 추수할 때가 되었느니라 하신 말씀이 생각났다.

[요 4:35] (35)너희가 넉달이 지나야 추수할 때가 이르겠다 하지 아니하느냐 내가 너희에게 이르노니 눈을 들어 밭을 보라 희어져 추수하게 되었도다

나는 주님의 잃어버린 영혼들에 대한 안타까운 마음이 느껴져서

한참동안 울었다.

그리고 그 다음에는 갑자기 내 눈에 엄청나게 수많은 흰 말을 탄 무리들이 보이기 시작했다.

그들은 땅을 힘차게 치면서 따그닥따그닥 소리를 발하며 달리고 있었다.

오 마이 갓! 이 장면은 내가 옛날에 17년 전에 OO기도원에서 보았던 환상이었다.

그 환상이 지금 주님과 내 앞에서 재현되고 있었던 것이다.

아니 이럴 수가?.... 내가 이 광경을 천국에 와서 다시 보게 되다니..... 너무나도 신기하였다.

Los Angeles 근교의 OO기도원에서 밤마다 밤 12시부터 새벽 5시까지 방언으로 기도하고 있을 때였다.

그중 어느 한 날에 내가 기도자리에 앉자마자 하나님께서 "오늘은 예언!"하시면서 내 배에서부터 거기 산등성이에서 기도하고 있는 모든 자들에 대하여 예언이 분수대에서 물이 올라오는 것처럼 쏟아져 나올 것 같았던 때가 있었다. 나는 그 때에 주님께 말했다. 나에 대한 예언만을 달라고.....

왜냐하면 거기에는 약 20명의 신학생들이 기도훈련을 받고 있었는데 그 한 사람 한 사람에 대한 모든 예언이 다 나올 것 같았기 때문이다. 그리고 그들에게 내가 예언한다고 그렇게 말하여 주면 아니요 그들이 나는 안 그런데요 하고 부정할까보아 겁이 났기 때문이다. 그래서 오직 나에 대한 예언만을 달라고 했을 때에 갑자기 내 귀에는 수많은 말발굽소리가 들리기 시작했던 것이다.

따그닥따그닥 엄청난 숫자의 말 발굽소리였다.

그러고서는 눈으로 보이기 시작하였는데 수 백 만의 흰 말 탄자들이 꼭 징기스칸이 세계를 제패하기 위해 수 백 만의 군대를 이끌고 나가는 것처럼 푸른 초원을 달려서 내 쪽으로 오고 있는 것이 보였다.

그들이 점점 나에게 가까이 왔을 때 나는 그 무리에서 가장 앞장선 자를 보았는데 가장 앞장선 자는 바로 나였던 것이다.

얼마나 놀랐는지 그 환상을 보고....

그리고 나는 어떤 깃발을 들고 앞으로 전진하고 있었는데 그 깃발에는 '복음의 기수' 라고 쓰여 있었다. 오 주여!

그것이 주님이 나에게 주시고자 하신 예언이었다.

내가 복음의 기수가 되어 수많은 흰 말 탄자들의 맨 앞에 앞장서서 달려가고 있었던 것이다.

그때에 본 장면들이 지금 18년이 지난 지금 내 앞에서 그것도 천국에서 재현되어 보여지고 있는 것이었다.

아~ 얼마나 또 놀랐는지....

그런데 조금 다른 점이 있다면 지금은 내가 그 흰 말 탄자들이 사정없이 달려가는 것을 내 앞으로 달려오고 있는 것을 보는 것이 아니라 그들이 달리는 모습을 옆에서 보고 있다는 것이 달랐다.

그들은 옆으로 쏜살같이 맹렬히 지나가고 있었지만 역시 가장 앞장 선 자는 나인 것을 알 수 있었다. 달려가고 있는 말들을 옆에서 보고 있는데 그들이 지나갈 때에 땅이 팍팍 파이는 것이 보였다. 얼마나 말들이 힘이 있는지..... 주여!....

옆으로 달리는 말들 중의 하나에 주님이 타신 것이 보였다. 말 탄 자들의 얼굴이 안 보였는데 오직 주님의 얼굴만 보였다.

말들이 달리는 장면이 너무 실제적이어서 꼭 내가 3D 영화극장에 와 있는 것 같이 보였다. 너무 멋있고 너무 굉장하였다.

오~ 하나님! 하는 감탄사가 절로 나왔다.

지금, 옛날에 나에게 보여 주었던 장면이 내게 재현되어 보이면서 나는 이러한 질문이 생겼다.

"주님 어떻게 하면 제가 저렇게 저에게 보여주신 대로 복음의 기수가 되어 일할수가 있지요?" 하는 질문에 대하여 주님은 말없는 말씀을 하신다. 이 때에는 마음으로 알게 하시는 것이다.

"네가 천국과 지옥에 대한 간증을 함으로써 가능하단다." 라고...... 할렐루야!

오늘은 주님이 이전에 내게 보여주었던 그 예언이 곧 이루어지게 될 것을 나에게 알게 하신 것이다.

[단 12:3] 지혜 있는 자는 궁창의 빛과 같이 빛날 것이요 많은 사람을 옳은 데로 돌아오게 한 자는 별과 같이 영원토록 비취리라

[잠 9:1-6] (1)지혜가 그 집을 짓고 일곱 기둥을 다듬고 (2)짐승을 잡으며 포도주를 혼합하여 상을 갖추고 (3)그 여종을 보내어 성중 높은 곳에서 불러 이르기를 (4)무릇 어리석은 자는 이리로 돌이키라 또 지혜 없

는 자에게 이르기를 (5)너는 와서 내 식물을 먹으며 내 혼합한 포도주를 마시고 (6)어리석음을 버리고 생명을 얻으라 명철의 길을 행하라 하느니라

이 일을 내가 천국과 지옥 간증을 함으로써 그 황금벌판에 있는 무르익은 벼들 즉 영혼들을 추수할 수 있다는 것을 알게 하여 주신 것이다. 할렐루야. 아멘.

주님을 찬양합니다!

불교인들과
석가가 가는
지옥을 보다.

(2014. 1. 14)

[요일 4:3] 예수를 시인하지 아니하는 영마다 하나님께 속한 것이 아니니 이것이 곧 적그리스도의 영이니라 오리라 한 말을 너희가 들었거니와 이제 벌써 세상에 있느니라

[막 9:48-49] (48)거기는 구더기도 죽지 않고 불도 꺼지지 아니하느니라 (49)사람마다 불로서 소금 치듯 함을 받으리라

천국에 올라갔다.

오늘은 주님의 옷에 피가 주먹만큼씩 군데군데 묻어 있다.

왜일까? 그리고 이미 세 명의 갑옷을 입은 천사들이 내가 지옥에 갈 것을 알고 준비하고 있었다. 그들이 나를 보좌했다.

은색과 금색의 중간색의 갑옷으로 무장한 천사들인데 이전의 무장한 천사들과 틀린 점은 투구에 꼬리 같은 것이 달리고 그 꼬리 끝에는 깃털 같은 것이 달려있는 것이 틀리다.

그리고 나도 흰 옷 윗옷과 바지를 입었고 머리는 뒤로 묶었다.

캐주얼한 아주 야무진 모습이었다.

나와 무장한 천사들은 아주아주 밑으로 내려갔다. 그래서 말인데 엘리베이터를 타고 내려가는 느낌보다 훨씬 더 빠른 그래서 그냥 붕 떠서 구름에 서서 내려가는 느낌이었다. 왜냐하면 너무 빠르게 내려갔기 때문이다. 내려가는 감각이 별로 없다.

그러나 한참을 붕 뜨듯이 내려갔다.

지옥도 여러 층이 있다면 우리가 지금 가고 있는 층은 아주 깊은 데 있음이 분명하였다. 이렇게 깊게 내려간 적이 없었기 때문이다.

그리고 불에 벌거벗은 머리가 대머리인 자들이 한 군데 모여서 불에 고통을 당하고 있는 모습이 보였다.

이들은 이 땅 위에 살 때에 중들이었다. 평생을 사람들로 하여금 불교를 믿게 하여 같이 지옥으로 끌고 온 자들이다.

그리고 그들이 불가운데 고통을 당하고 있었는데 그곳의 더 옆으로 그리고 더 안쪽으로 긴 쇠창살들이 상하로 되어 있는 감옥이 보였다. 감옥 같이 생겼는데 그 감옥이 상하로 높이가 보통 감옥보다 상당히 높았다. 이것은 나중에야 알게 되었는데 여기에 들어 있는 자를 괴롭히는 사단의 부하들의 키가 아주 크기 때문에 감옥안도 그 높이가 커야 했다.

거기에는 한 노인이 있었다. 그는 다 벗은 몸이었고 대머리였으며 그 대머리에는 머리 한 두 가락이 남아 있었다.

그의 목주위로는 큰 원판 같은 불이 그 목을 감아서 고통을 주고 있었고 벌거벗은 몸으로 내 쪽을 향하여 쇠창살에 붙어서 두 팔과 두 다리로 그 쇠창살에 개구리처럼 매달려 있었다.

너무 괴로워서 바깥으로 제발 나를 이 감옥 바깥으로 나가게 하여 달라는 표현을 하고 있는 것이었다.

그는 불교의 창시자 석가였다. 주여!......

그리고 감옥 안에 석가의 등 뒤쪽으로 얼굴이 마치 스파이더맨처럼 얽은 아주 흉악한 얼굴을 하고 있는 마귀의 부하 세 명이 서 있었는데 그들의 키는 아주 컸다. 9피트 즉 250cm는 되어 보였다. 그중의 첫 번째 놈은 긴 몽둥이를 들고 서 있었고 그 몽둥이로 석가를 사정없이 두들겨 패기 위해서였다.

두 번째 놈은 창을 들고 서 있었다. 그 창으로 석가를 찌르기 위함이었다. 세 번째 놈은 진갈색 실뱀들을 두 손에 가득 거머쥐고 있었다. 즉 이 실뱀들을 석가의 눈구멍, 귓구멍, 콧구멍, 즉 구멍마다 집어넣기 위해서였다.

그리고 저쪽 앞쪽으로 중들이 불가운데 고통 받고 있는 곳에서도 키가 아주 큰 마귀의 부하들이 그 불구덩이를 피하여 나오는 중들을 잡아 패려고 몽둥이를 들고 서 있었다.

아~ 불교인들이여! 중들이여! 당신들의 결국은 지옥임을 알아야 할 것이다.

[요이 1:7] 미혹하는 자가 많이 세상에 나왔나니 이는 예수 그리스도께서 육체로 임하심을 부인하는 자라 이것이 미혹하는 자요 적그리스도니

[마 15:14] 그냥 두어라 저희는 소경이 되어 소경을 인도하는 자로다 만일 소경이 소경을 인도하면 둘이다 구덩이에 빠지리라 하신대

[신 4:28] 너희는 거기서 사람의 손으로 만든바 보지도 못하며 듣지도 못하며 먹지도 못하며 냄새도 맡지 못하는 목석의 신들을 섬기리라

사도 요한은
우리 한국전쟁이 성경의
마태복음 24장 7절에
나와 있다고 말했다.

(2014. 1. 18)

민족이 민족을 나라가 나라를 대적하여 일어나겠고.....

[마 24:7-8] (7)민족이 민족을, 나라가 나라를 대적하여 일어나겠고 처처에 기근과 지진이 있으리니 (8)이 모든 것이 재난의 시작이니라

천국에 올라갔다.

주님은 내게 천사들이 가져온 생명수를 먹였다.

천국에 올라가니 길가에 많은 사람들이 늘어섰다.

주님과 내가 길을 걸으니 환영하는 손뼉은 치는데 다 걱정스런 얼굴들을 하고 있었다.

왜냐하면 내가 전쟁 때문에 고민되어 힘이 빠져 있는 얼굴을 보기 때문이었다.

우리는 위아래로 구불구불한 길을 따라서 (이 길은 특히 사도요한의 집으로 인도하는 길이다) 사도요한의 집 앞에 까지 갔다.

사도요한의 집은 아주 웅장한데 그 앞의 길은 Y자 모양으로 나

뉘어져 있다.

Y자 가운데 안쪽으로 그 사도요한의 집이 있었다.

길이 Y자로 갈라지는 그 곳에 테이블이 놓여있다.

미국에서는 그렇게 생긴 테이블을 피크닉 테이블이라 한다.

저 편에 주님이 앉고 이편에 나와 요한이 앉았다.

주님이 종이와 연필을 내게 주신다.

나보고 제의사항을 쓰라는 것이다 (내가 어제부터 열심히 주님께 기도한 내용을 쓰라는 것이었다. 주님은 내가 어제부터 열심히 기도한 그 기도 내용을 잘 알고 계셨다. 그래서 내가 이렇게 천국 올라 왔을 때 그것을 쓰라는 것이었다.)

그래서 나는 그 내용을 종이에 쓰기 시작했다.

1. 북한 내에 쿠테타 일어날 것

2. 북한의 최고지도자가 제거될 것

3. 북한 군대가 남한으로 투항하여 내려올 것

4. 그 다음 북한 주민이 모두 남한에 항복할 것.

이렇게 되면 흡수통일이 쉬 될 것 같아서였다.

나는 어저께 이것을 놓고 열심히 기도를 올렸었다.

나는 종이에 나의 제안사항을 다 쓰고 난 후에 그 다음 나는 내 얼굴을 테이블에 납작하게 엎드려 박고 죽은 것같이 그들의 결정을 기다리고 있었다.

그런데 주님은 꼭 북한의 최고 지도자들을 악의 도구로 사용하여 전쟁을 일으켜야 한다고 말씀하신다. 아니 주님의 마음이 말 안

해도 나에게 그렇게 전달이 되고 있었다.

그리고 또 요한은 그렇게 되면 즉 내 제의사항대로 전쟁이 안 일어나고 흡수통일이 되면 제 3차 세계대전이 일어나지 아니할 것을 말한다.

그런데 그 한국 전쟁은 이 마지막 때에 꼭 일어나야 한다는 것이었다.

그러고 있는데 사도바울이 도착하여 나와 요한사이에 앉았다.

베드로가 와서 주님 옆에 앉았다.

마리아가 도착하여 베드로 옆에 앉았다.

마리아가 북한주민 그 영혼들을 구해내어야 한다고 말했다.

사도요한은 그 사이에 이미 성경책을 테이블에 펴고 있었다.

이런 경우 성경책이 어느 새 생겼다. 천국은 이런 곳이다.

바울은 이렇게 하나 저렇게 하나 주의 복음이 북한에 전파되어야 한다고 했다.

베드로는 "제가 가서 그냥 팍 북한을 벌할까요?" 등으로 다 한마디씩 했다.

그런데 마지막으로 요한은 모든 것이 성경대로 일어나야 한다고 하는 바람에 모두가 다 여기에 동의했다.

즉 전쟁이 일어나는 것도 성경대로 일어나야 한다는 말에 다 입을 다물게 된 것이다.

성경대로 일어나려면 전쟁이 일어나야 한다는 것이다.

결국 나는 내 제의사항도 많았지만 성경대로 전쟁이 꼭 일어나야 한다고 하여서 결국은 나는 울면서 일어났다.

나는 오늘 주님이 왜 나를 사도요한의 집 앞으로 데려갔는지 알수 있었다. 결국 한국 전쟁이 성경대로 일어나야 한다는 것을 알게 하기 위하여 나를 여기에 데려온 것이다.

그 다음은 나 마리아 주님 셋이 구름을 타고 인간창조역사관으로 이동하였다.

우리 주위에 무지개가 세 사람을 허리주위로 링과 같이 둘렀다.

그리고서 우리는 역사관에 도착했다.

북한도발과 전쟁의 그림 다음으로 있는 그림이 전에는 안 보였는데 오늘 그 그림의 내용이 알아졌다. 즉 전쟁으로 인한 남북한의 피해자의 숫자였다.

그 다음 그림은 저번에도 말했듯이 어두움에 쌓여 있던 북한주민들에게 하늘에서부터 환한 빛이 비추어지는 장면이었다.

나는 역시 전쟁은 일어나는구나. 하고 어쩔 수 없이 결론을 짓고 내려왔다.

동일한 날 두 번째 천국에 올라가게 되었다.

나는 벌써 사도요한의 집 앞에 있는 피크닉 테이블에 앉아 있었다. 요한이 성경책을 들고 있었다.

나는 요한에게 내 질문에 대답하여 주기를 졸랐다.

그러면 사도요한의 말대로 성경대로 일어나기 위해서 남북전쟁이 일어나야 한다면 성경의 어디에 그렇게 적혀 있냐고 물었다.

그리하였더니 주님은 그 순간 나에게 하나의 성경구절이 생각나게 하였다.

그것은 "민족이 민족을 나라가 나라를 대적하여 일어나겠고…"
라는 성경구절이었다. 그것은 마태복음 24장에 나와 있었다……이
것은 재난의 시작이라 말한다.

그리고 곧 그 후에 곧 주님의 공중재림이 있을 것을 말씀하신다.

그러므로 우리 한국전쟁은 우리 성도들의 휴거가 있기 전에 꼭
일어나야 하는 전쟁이라는 것이다. 오 주여!

천국에서
미가엘 천사장을
보다.

(2014. 1. 23)

천국에 올라가다.

여전히 두 개의 흰 말들이 달린 황금 옥마차를 타고 올라간다.

마차를 운전하는 천사 한 명, 그리고 마차 바깥에서 나와 마차를 수호하는 천사 한 명이 나를 데리러 왔다.

오늘은 마차를 운전하는 천사의 머리위에 다이아몬드 장식의 머리 핀이 얹혀져 있었다.

천사들도 성별이 있는 것인가?

내 느낌에 마차를 운전하는 천사는 분명 여자인 것 같다. 아니면 여성의 모습을 갖춘 천사이든지….

그런데 바깥에서 수종하는 천사는 분명 남성 천사다.

왜냐하면 이 천사는 분명히 얼굴까지 자세히 보이기 때문이다.

천국에 올라가자마자 주님의 모습은 내가 전에 거실에 오랫동안 걸어 왔던 그림에서 보던 얼굴이시다. 내가 올라가자마자 오른편에서 항상 맞아 주신다.

올라가자마자 나는 벌써 조그만 아이들이 많은 곳에 와 있다.

그들은 모두 흰 옷을 입고 있었다.

나는 주님께 물었다. "주님 이 애들이 누구지요?" 했더니

주님이 말씀하신다.

"내가 기르는 아이들이란다."

"아니 주님이 기르는 아이들이라니요?....." 나는 놀랬다.

그리고서는 저기 아주 근엄하기도 하고 미남의 얼굴이 보인다.

누구지? 하고 생각하는데 그의 날개가 내 눈에 보이기도 전에 나는 분명 그가 미가엘 천사장인 것이 알아진다.

그는 아주 잘 생겼다. 주님과 나 그리고 미가엘은 같이 구름을 타고 주님의 보좌가 있는 데로 갔다.

주님이 보좌에 좌정하시고 미가엘 천사장이 주님의 오른편에 섰다. 그의 기상은 참으로 놀라왔다. 여태껏 보던 천사들보다 훨씬 큰 날개와 눈이 부시게 흰 날개를 가졌다.

그리고 그 위엄이 넘쳤다.

그래서 그런지 나는 그 위엄에 눌려 주님의 보좌 앞에 바짝 엎드려 누웠다.

주님은 오히려 자애로워 보이시는데 그를 보좌하는 미가엘의 위엄이 대단하게 느껴졌다.

이는 오히려 간접적으로 주님의 위엄이 대단한 것을 나타내는 것 같았다.

[계 12:7-9] (7)하늘에 전쟁이 있으니 미가엘과 그의 사자들이 용으로 더불어 싸울새 용과 그의 사자들도 싸우나 (8)이기지 못하여 다시 하늘에서 저희의 있을 곳을 얻지 못한지라 (9)큰 용이 내어 쫓기니 옛 뱀 곧 마귀라고도 하고 사단이라고도 하는 온 천하를 꾀는 자라 땅으로 내어 쫓기니 그의 사자들도 저와 함께 내어 쫓기니라

북한이 전쟁준비를
하고 있는 것을
보여 주시다.

(2014. 1. 24)

천국에 도착했다.

주님은 흰 옷에 자색 망토 같은 겉옷을 걸치고 계신다.

그리고 무척 자애로운 얼굴로 나를 맞이하여 주신다.

그리고 내 얼굴을 살피시면서 내 얼굴이 괜찮은지 확인하고 싶어하셨다. 왜냐하면 주님은 내가 전쟁 때문에 마음 아파하고 걱정하는 것을 알고 계시기 때문이다.

나는 늘 그렇듯이 머리에는 다이아몬드가 많이 박혀있는 면류관에다가 아름다운 흰 드레스를 입고 있었는데 그 드레스에는 조그만 보석들이 군데군데 달려있었다.

나는 주님을 보자마자 주님의 옷에 얼굴을 파묻고 울었다.

운 이유는 주님이 너무 반가운 면도 있었지만 나를 걱정하여 주시는 마음이 감사하여 울은 것이다.

그런데 오늘은 참으로 이상하다. 천국에 들어서자마자 주님이 아주 넓은 구름을 마련하여 놓으셨는데 그 구름은 작은 풍선들로

볼록볼록하게 보였다. 그리고 그 구름위에는 주님과 내가 앉을 수 있는 두 사람용의 긴 의자가 놓여 있었다.

구름위에 의자가 놓여있기는 이번이 처음이었다. 구름을 타고 날기는 했지만 이렇게 구름위에 의자를 놓고 앉아보기는 처음이었던 것이다.

주님과 나는 함께 그 구름위의 의자에 나란히 같이 앉았다.

그리고 그 분위기는 너무 좋고 평안하고 행복했다.

주님과 함께 있으면 얼마나 평안하고 행복한지……

그리고 구름 아래쪽에서는 수많은 사람들이 나를 환영하고 있었다. 그들은 나보다 먼저 천국에 와 있는 자들이었다.

그들은 서사라 목사, 서사라 목사 하면서 반기고 환영하여 주었다. 나는 순간 나에게 질문을 던졌다. 아니 나는 저들보다 잘난 것이 아무 것도 없는데 왜 나를 이렇게 환영해주지? 하는 생각이 들자 나는 너무 민망하여 의자에서 일어나서 구름 위에서 그들을 향하여 바짝 엎드렸다. 나는 그럴만한 존재가 아니라는 것을 그렇게 밖에 표현할 방법이 없었다. 그랬더니 주님이 빙그레 웃으셨다.

그런데 참 이상한 것은 우리는 구름위에 있고 그들은 구름 아래 있는데도 그들이 우리를 환히 들여다보고 있다는 것이었다.

그러고 나서 우리는 그 구름을 타고 날았다. 의자에 앉은 채로 말이다. 나는 주님과 같이 구름을 타고 다른 어디로 간다는 것이 너무나 좋았다. 그냥 주님과 같이 있는 것이 좋았다.

주님은 나를 데리고 그 넓은 구름을 같이 타고 한없이 날았다.

한없이 한없이... 하하하 너무 좋다.

그 구름을 타고 주님은 곡예 하듯이 그 구름을 위아래로 뒤집고 그 다음 빙 돌고 하면서 나를 즐겁게 해주셨다.

구름이 뒤집히면서 거꾸로 서도 우리는 아래로 떨어지지 아니하였다. 주님은 나를 한참 그렇게 기분이 좋게 해 주셨다.

그런데 갑자기 나는 우리 구름아래가 지구라는 생각이 들어왔다.

아니 그러면 그렇게 구름이 뒤집혀지고 빙 돌고 하면서 여러 번 했던 것이 결국 천국에서 이 지상으로 낙하하는 것이었나 하는 생각이 들어왔다.

어쨌든 주님과 나는 어느 새 우리가 있는 그 구름 저 아래로 엄청난 도시들이 꽉 차있는 곳으로 왔다. 우리는 구름위에서 그 도시 위를 날고 있었던 것이다.

어디로 가시나 했는데 벌써 북한의 백두산이 보인다.

그리고 북한 전체가 보인다. 북한의 곳곳에 미사일 기지들이 보인다. 전쟁 준비의 분위기이다.

반면에 남한은 사람들이 너무 풀어져 있다. 그런데 한국과 일본 사이의 태평양바다에 미군 핵잠수함과 그리고 일본이 준비하고 있는 것이 보였다.

왜 주님이 또 나에게 이런 것을 보여주실까 하면서 나는 다시 그 구름을 타고 천국의 입구로 왔다. 아까 우리를 구름아래에서 그렇게 환영하여 주던 그 많은 사람들이 다시 우리를 환영하여 준다.

그리고 나는 지상으로 내려왔다.

또 한 분의 최근에
돌아가신 대형 교회의
유명한 목사님이
쇠창살 안에 있는 것을 보다

(2014. 1. 28)

천국에 올라갔다. 우편에 늘 주님이 나를 맞아주신다.

그리고 마리아가 재빨리 와서 반겨준다. 늘 왼쪽 앞에서 온다.

우리는 어느새 구름을 타고 날았다.

그러다가 마리아가 떨어져 나간다. 가버린다. 아니 우리를 떠났다. 주님과 나는 구름을 타고 날았다.

그런데 다시 우리 밑에는 지구라는 것이 느껴진다.

우리 밑에 도시들이 있다.

먼저는 남한이 보인다. 남한의 대통령이 북한이 도발할 것인가? 안할 것인가? 고민하는 것이 보인다.

어떻게 방어하지? 하면서 골머리 아파하는 모습이다.

그리고는 북한이 보인다. 북한의 지도자는 어떻게 하면 무력도발을 할 수 있을 것인가? 그것에 총 집중을 하고 있다. 그 머리나 마음이 말이다.

지금 주님은 나를 그들의 마음을 느끼게 하여 주신 것이다.

이것을 느끼고서는 나는 슬퍼졌고 전쟁 때문에 울고 있었다.

그리고는 우리는 다시 주님의 보좌 앞에 왔다. 나는 엎드렸다. 내가 울어보았자 소용없다는 것을 안다.

그리고는 주님이 이전에 나에게 얼마 전에 돌아가신 대형교회 OOO목사님이 천국에 있지 않고 쇠창살 안에 있는 것을 보여주신 그 장소 즉 정원 앞에 있는 벤치로 나를 데리고 가셨다.

주님과 나는 그곳에 앉았다.

나는 주님께 또 다른 유명한 목사님으로 최근 몇 년 내에 돌아가신 다른 한 분에 대하여 질문하였다. "주님 OOO목사님은 어디 계세요?" 나는 이전에 물어보았던 그 유명한 목사님이 당연히 천국에 있을 줄 알고 물어보았으나 쇠창살 안에 있는 것을 보고 매우 상심하여 다시는 유명한 목사님들에 대하여 안 물어보려 했었다. 그런데 시간이 흐르면서 다시 궁금하여졌다. 오늘 내가 물어보는 이 목사님도 돌아가신지 얼마 안 되었다. 그는 한국에서 참으로 유명한 목사님이셨다.

지금도 그 교회에서는 그분에 대한 추도예배를 성대하게 하는 것을 보았다. 성도 독특하여 이런 성이 한국에는 별로 몇 없는 성이다. 나는 다시 말했다.

"주님 OOO 목사님 좀 보여주세요." 하였다.

그런데 그 목사님의 성함을 들으시자 벌써 주님의 눈이 벌겋게 변했다.

곧 울음이 터질 것 같으시다. 매우 슬퍼하시는 것이었다. 그래서 나는 즉시 그 목사님이 천국에 없다는 사실을 알았다.

"주님 왜 OOO목사님이 여기 안 계시나요?" 라고 물었다.

주님은 말씀하신다. "그는 나의 개였다." (성경에 나오는 개가 있다. 이사야 56장 9절부터 짖지 못하는 개에 대하여 나온다.).

[사 56:9-12] (9)들의 짐승들아 삼림 중의 짐승들아 다 와서 삼키라 (10)그 파숫군들은 소경이요 다 무지하며 벙어리 개라 능히 짖지 못하며 다 꿈꾸는 자요 누운 자요 잠자기를 좋아하는 자니 (11)이 개들은 탐욕이 심하여 족한 줄을 알지 못하는 자요 그들은 몰각한 목자들이라 다 자기 길로 돌이키며 어디 있는 자이든지 자기 이만 도모하며 (12)피차 이르기를 오라 내가 포도주를 가져오리라 우리가 독주를 잔뜩 먹자 내일도 오늘 같이 또 크게 넘치리라 하느니라

오 마이 갓! (Oh my God!) 나는 주여!.... 하고 한탄이 나왔다.
그가 개였다니!.....
주님이 말씀하신다. "우리 같이 가볼까" 하고 내려갔는데
OOO 목사님이 쇠창살 안에 흰 옷을 입고 우리 쪽으로 보고 있지 않고 벽을 바라보고 뒤로 앉아 계신 것이 보였다.
나는 그 목사님을 보자마자 심장이 뛰어왔고 숨이 가빠졌다.
왜냐하면 그 유명한 목사님이 여기에 있을 줄은 꿈에도 생각하지 못했다.
나는 그냥 마냥 슬퍼졌다. 그리고 나는 내려왔다.
그리고 나는 그 목사님이 천국에 있지 않고 쇠창살 안에 있다는 것이 도저히 믿기지가 않아서 다음과 같이 결론을 내렸다.
나는 내가 본 것을 다 믿지 않는다.
나는 다시 보아야 할 것이다.

나는 그 유명하였던 두 목사님 OOO 목사님과 OOO 목사님이 천국에 없는 것을 보았다. 그들은 다 최근에 돌아가신 분들이다.

그러나 내가 본 것을 다 믿지 아니한다.

내가 천국에 갔을 때에 완전히 알게 될 것이다.

부연설명: 여기서 내가 말하는 천국이란 하나님의 영광이 해같이 빛나는 예루살렘 성안을 말한다. 생명나무과일을 먹을 수 있고 생명수 강가에서 값없이 원없이 생명수를 먹을 수 있는 곳을 말한다. 성경에서 말하는 성 밖을 의미하지는 않는다.

[마 7:21-23] (21)나더러 주여 주여 하는 자마다 천국에 다 들어갈 것이 아니요 다만 하늘에 계신 내 아버지의 뜻대로 행하는 자라야 들어가리라 (22)그 날에 많은 사람이 나더러 이르되 주여 주여 우리가 주의 이름으로 선지자 노릇하며 주의이름으로 귀신을 쫓아 내며 주의 이름으로 많은 권능을 행치 아니하였나이까 하리니 (23)그 때에 내가 저희에게 밝히 말하되 내가 너희를 도무지 알지 못하니 불법을 행하는 자들아 내게서 떠나가라 하리라

28

어제 내가 그 유명한 목사님이 쇠창살 안에 있는 것을 보았는데 주님은 다시 한 번 그분이 천국에 없음을 확인시켜 주시다.

(2014. 1. 29)

[계 22:14-15] (14)그 두루마기를 빠는 자들은 복이 있으니 이는 저희가 생명 나무에 나아가며 문들을 통하여 성에 들어갈 권세를 얻으려 함이로다 (15)개들과 술객들과 행음자들과 살인자들과 우상 숭배자들과 및 거짓말을 좋아하며 지어내는 자마다 성 밖에 있으리라

아침 기도시간에 천국에 올라갔다.

주님과 우리가 위로 빨려 들어가듯이 빠르게 올라갔는데 우리가 도착한 곳은 주님의 보좌가 있는 곳이었다.

보통 나는 주님의 보좌 앞에 가면 대개는 보좌 앞에 엎드려 있거나 아니면 주님의 왼편으로 천사들이 있는 곳에 내 의자가 있는데 거기 앉아 있곤 했다.

그런데 오늘은 다른 날들과 다르게 내가 가자마자 주님의 보좌 왼쪽에 천사들이 있는 곳에 내가 서 있는 것이었다. 앉아 있지 않고.... 천사들이 서 있는 것처럼.....

나는 "왜 내가 서 있지?" 하고 궁금해 하고 있었다.

천국에서는 이런 일들이 자주 일어난다. 즉 나의 의지가 아니라 주님이 그렇게 나를 움직이시는 것 같다. 내 의지와는 상관없이 내가 그렇게 하고 있었다.

그리고 나는 내 마음에 저 반대편 들어오는 입구에서 누군가 들어올 것을 알고 있었는데 누군지 모르지만 그 들어오는 그 사람으로 인하여 벌써 내 마음이 무척 설레고 있는 것을 알 수 있었다.

도대체 누가 들어오길래 내가 이렇게 저 입구 쪽을 바라보며 설레는 마음으로 기대하고 있는지 참으로 나도 모를 일이었다.

그 입구 쪽을 바라보고 있는데 살아생전의 내 육신의 아버지가 젊었을 때의 얼굴로 환하게 웃으면서 그 입구로 들어오는 것이었다. 할렐루야.

그리고 들어와서는 우리 쪽을 바라보고 주님의 앞쪽 오른편에 가서 서셨다. 나는 무척 기분이 좋았다. 아 그래서 내가 마음이 설렜구나. 알 수 있었다.

그 다음은 저 입구에서 또 한사람이 들어오는데 그 분은 내가 아는 이○○ 목사님의 사모님이었다. 그 사모님이 돌아가신 지는 약 4년이 되었다. 그분이 들어와 우리 아버지 옆에 서시는 것이었다.

이들은 내가 다 아는 사람들로서 벌써 이 세상을 떠나 이 세상에 없는 자들이다.

그러면 나는 갑자기 내 마음으로 절실히 어제 쇠창살 안에 있는 것을 보았던 "○○○목사님은요?" 하고 질문이 생기면서 그분의 이름을 불렀다. 왜냐하면 나는 그 목사님이 쇠창살 안에 있는 것을 부정하고 싶었다. 그래서 그분이 저 입구에서 들어오기를 너무나 절실히 바래서 그분의 이름을 불렀던 것이다.

그랬더니 그분은 들어오시지 않고 갑자기 그 천국입구가 내 시야에 까맣게 보이는 것이었다. 그리고 그가 흑암 속에 있음이 보였다. 아 나는 절규했다. 그는 천국에 없구나....

나는 또 외쳤다. 그러면 처음에 첫 번째 책에 썼던 그 유명한 다른 목사님, OOO목사님은요?

하고 물었더니 그도 흑암 속에 있었다.

그 다음 마음속으로 '임OO 목사님!' 하고 불렀다.

이분은 한국에서 최근에 3달 전에 돌아가신 분으로 내가 저번에 주님께 보여 달라고 했었는데 그분은 천국에 있는 것을 보여 주셨던 것이다 (이분의 이야기는 첫 번째 책에 썼다.)

그분의 이름을 내 마음속에서 부르자 그분이 저 입구에서 들어와 우리 아버지와 이OO 목사님 사모님 계신 옆에 와 서는 것이었다.

나는 너무 놀랐다. 어찌 이런 일이? 주여!

주님이 나에게 어제 살아생전 유명하였던 OOO목사님에 대하여 궁금해 하던 일을 오늘 다른 방법으로 명확히 알게 하여주신 것이었다.

나는 어제 그 목사님을 보여 달라. 했더니 주님은 슬퍼하시면서 그가 쇠창살 안에 있는 것을 보여 주셨다.

그러나 나는 어제 본 것을 결론 내리기를 나는 내가 보았어도 주님이 보여주셨어도 나는 내가 본 것을 100퍼센트 믿지 않을 것이라고 결론을 내렸었다. 그런데 주님은 그것을 아시고 오늘 다시 한 번 그분이 천국에 없음을 확인시켜 주신 것이다.

내가 전혀 생각지 아니한 방법으로 말이다.

할렐루야. 주님 다시 확인시켜 주심을 감사드립니다.

생명책에서
이름이 지워지는 경우와
흐려지는 경우가 있다.

(2013. 11. 22)

[계 20:15] 누구든지 생명책에 기록되지 못한 자는 불못에 던지우더라

[계 3:5] 이기는 자는 이와 같이 흰 옷을 입을 것이요 내가 그 이름을 생명책에서 반드시 흐리지 아니하고 그 이름을 내 아버지 앞과 그 천사들 앞에서 시인하리라

천국에 올라갔다. 주님은 내가 힘들어한 것을 아신다.

그래서 나에게 생명수를 먹이셨다. 나는 주님 옷자락에 파묻히면서 벌써 두 세 방울 눈물을 터뜨렸다.

왜? 어제 그제 제자훈련 열심히 했던 OOO목사님이 쇠창살 안에 계신 것을 보았기 때문이다. 나의 슬픔은 처음에 죽고 나서도 지금도 유명한 OOO목사님을 처음으로 쇠창살 안에 있는 것을 보았을 때의 (이것에 대한 간증은 나의 천국과 지옥간증 수기 제 1권에 수록되어 있다.) 그 충격만큼은 아니었으나 그러나 역시 나는 매우 슬펐다.

주님이 말씀하신다.

"내 애기야 내 애기야." 나를 부르는 말씀이시다.

"좀 더 강건하여지거라!" 하고 말씀하시는 말없는 말이 내게 전달되었다. 즉 그런 것을 보더라도 이제는 담담해야 한다는 말씀과 같은 것이었다.

주님과 나는 길을 걸었다. 왼쪽에는 아름다운 절벽이었고 길 오른 쪽에는 노란 꽃들이 만발하여 피어 있는 길을 걸어 내려갔다.

나는 내 어깨에 무겁게 짊어져 있는 모든 걱정과 염려를 벗어버리고 싶었다. 그것들로 인하여 내 어깨가 너무 무거운 것 같았다.

즉 그것들은 바로 한국에 전쟁이 일어나는 것에 대한 우려와 걱정 또 어제 그제 보았던 유명하였던 ○○○목사님이 쇠창살 안에 있는 사실 등이었다.

나는 그 모든 걱정과 염려를 벗어버리고 싶다고 생각하는 순간 주님과 나는 천국에서 날기 시작했다. 구름을 타고 나는 것이 아니라 그냥 나는 것이었다. 나니까 너무 기분이 좋았다. 순간 모든 걱정과 염려가 사라졌다. 주님과 나는 계속 날았다.

어느새 우리는 유리바다 청동색깔의 바다에 왔다. 바다 위로 빠르게 주님과 나는 계속 날았다. 얼마나 기분이 좋은지….

바다에 백상어가 위로 뛰어 오르면서 우리 밑에서 한참 놀았다.

그렇게 한참을 날다가 우리 앞에 와 대기하고 있는 납작한 널판처럼 생긴 구름에 주님과 나는 걸터 앉았다. 주여!

나는 요즘에 전쟁 때문에 마음이 무거웠는데 지금은 한층 나았다. 나는 생명책에 이름이 지워지는 것과 흐려지는 것에 대하여 질문을 갖고 있었다.

주님 생명책에 이름이 흐려지는 것이 있나요?

(그런데 성경책에는 분명 이름이 흐려진다는 말이 있다.)

[계 3:5] 이기는 자는 이와 같이 흰 옷을 입을 것이요 내가 그 이름을 생명책에서 반드시 흐리지 아니하고 그 이름을 내 아버지 앞과 그 천사들 앞에서 시인하리라

계 3:1-4 구절을 보면

사데교회에 주님이 보내는 편지속에서 회개하는 자는 이기게 되는데 이렇게 이기는 자는 그 이름을 생명책에서 흐리지 않으시겠다는 것이다.

그러면 이기지 못하는 자는 그 이름이 흐려진다는 말씀이다.

이 이름이 흐려지는 자는 이기지 못하는 자에 속하여 예수를 믿었어도 새예루살렘성밖으로 쫓겨나게 될 것이다.

즉 주님이 말씀하신 악하고 게으른 종들이 가는 바깥 어두운데 슬피 울며 이를 가는 장소로 가게 될 것이다.

여기는 미련한 다섯처녀가 오는 곳이다.

지옥이 아닌 새하늘과 새 땅에 있는.... 그러나 하나님의 영광이 해같이 빛나는 성안이 아니라 새예루살렘 성밖이다.

그리고 생명책에 이름이 지워질 수 있다는 말이 출애굽기에서 모세가 하나님앞에 금송아지 신상을 만들어 범죄하였을 때에 모세가 그들을 위하여 중보기도하는 곳에서 발견된다.

[출 32:30-33] (30)이튿날 모세가 백성에게 이르되 너희가 큰 죄를 범하였도다 내가 이제 여호와께로 올라가노니 혹 너희의 죄를 속할까 하노라 하고 (31)여호와께로 다시 나아가 여짜오되 슬프도소이다 이 백성이 자기들을 위하여 금신을 만들었사오니 큰 죄를 범하였나이다 (32) 그러나 합의하시면 이제 그들의 죄를 사하시옵소서 그렇지 않사오면 원컨대 주의 기록하신 책에서 내 이름을 지워 버려주옵소서 (33)여호와께서 모세에게 이르시되 누구든지 내게 범죄하면 그는 내가 내 책에서 지워버리리라

그런데 생명책에서 이름이 기록되었다가도 지워지면
계시록 20장 15절에서 말씀하는 것처럼 영원한 불못에 던져진다.
하나님은 대답대신 성경의 말씀들을 생각나게 하여 주셨다.
그리고 주님과 나는 계속 그렇게 앉아 있었다.

[계 20:15] 누구든지 생명책에 기록되지 못한 자는 불못에 던지우더라.

육신의 생각은 사망이요
영의 생각은
생명과 평안이니라.

(2014. 1. 31)

[롬 8:5-8] (5)육신을 좇는 자는 육신의 일을, 영을 좇는 자는 영의 일을 생각하나니 (6)육신의 생각은 사망이요 영의 생각은 생명과 평안이니라 (7)육신의 생각은 하나님과 원수가 되나니 이는 하나님의 법에 굴복치 아니할 뿐 아니라 할 수도 없음이라 (8)육신에 있는 자들은 하나님을 기쁘시게 할 수 없느니라

천국에 올라갔다. 내 영은 참으로 기뻐하였다.

왜 이렇게 기쁘지 할 정도로....

그런데 지상에서 내 육신은 하루 종일 오늘 공항까지 한국가시는 누구 권사님과 그의 딸을 교회차로 실어다 주다가 $500 짜리 교통티켓 띤 것으로 굉장히 억울해 하고 있었다.

그런데 천국에 올라온 나의 영은 매우 기뻐하고 있는 것을 본 것이다.

아니 어떻게 이렇게 육신의 감정과 영의 감정이 다른 것인지....

나는 참으로 새롭게 경험하고 있었다.

천국에 올라오니 마리아가 보이고 또한 이쁜 여자들 즉 그들은 드레스를 입었고 면류관을 쓰고 있었다. 오늘 따라 내 모습도 유난히 더 아름다워 보였다.

머리에는 다이아몬드로 장식된 면류관을 쓰고 있었고 또 하얗고 빛난 보석들이 달린 드레스를 입고 있었다.

그 순간 나는 오늘 따라 천국에서 마리아에 대한 생각이 명백히 정리되는 것이었다.

정리된 생각은 다음과 같다. 내가 지금 천국에 있을 때에 마리아를 보면서 이 생각들이 정리된 것이다. 할렐루야.

그도 예수님의 딸이다. 우리가 그의 딸인 것처럼.

그에게도 예수님은 영원한 신랑인 것이다. 예수님이 우리에게 영원한 신랑인 것처럼.

그 순간 나에게는 육에서 난 것은 육이니 성령으로 난 것은 영이니라 하는 성경의 말씀이 생각났다.

육은 아무 것도 아니다 영이 떠난 육은 죽은 몸으로 흙인 것이다.

마리아의 육의 몸에서 예수의 육의 몸이 태어났을 뿐이다.

그래서 육에서 난 것은 육이니 그 이상의 아무 것도 아니다.

그런데 사람들은 그 육을 예수님의 어머니라 하여 신성시하고 있는 것이다.

즉 루시퍼가 그렇게 속이고 있는 것이다.

주님은 이렇게 말씀하셨다.

나는 다윗의 뿌리요 그리고 동시에 다윗의 자손이라.

그리고 나는 아브라함 이전에 있었느니라. 즉 예수님은 다윗의 뿌리요 아브라함 이전에 있었다는 말씀은 그의 신성을 말하고 있는 것이고 다윗의 자손이라 하는 말씀은 그분의 육성을 말하고 있는 것이다.

즉 마리아에게도 예수님은 우리와 똑같이 그녀의 영의 영원한 아버지이신 것이다.

그래서 성령으로 난 것은 영이니.... 라는 말이 맞는 것이다.

그녀의 영도 성령으로 거듭난 것이다. 그러므로 이사야 9장 6절에서 말씀하시는 그 말씀은 모든 인간들에게 해당되는 말씀인 것이다. 할렐루야.

[사 9:6] 이는 한 아기가 우리에게 났고 한 아들을 우리에게 주신 바 되었는데 그 어깨에는 정사를 메었고 그 이름은 기묘자라, 모사라, 전능하신 하나님이라, 영존하시는 아버지라, 평강의 왕이라 할 것임이라

그 아이는 우리 모두에게 전능하신 하나님이고 또 우리 모두에게 영존하시는 아버지이신 것이다. 즉 마리아는 예수를 자신의 몸으로 낳았지만 마리아에게도 동일하게 우리에게와 똑 같이 그는 전능한 하나님이시오 영존하시는 아버지이신 것이다. 할렐루야.

그러므로 마리아는 천국에서 우리와 똑같이 예수님을 육으로 난 자신의 아들이 아닌 자신의 영의 영원한 신랑 자신의 영의 영원한 아버지로 모시고 있는 것이다. 아멘!

할렐루야 바른 깨우침을 주시는 하나님을 찬양합니다.

오늘 우리는 특별히 큰 구름을 타고 날았다. 왜냐하면 그 구름에 탄 수가 많기 때문이다. 주님과 나 그리고 마리아와 그 드레스 입은 부인들 약 7-8명이 같이 탔다.

우리 모두는 저어기 오색찬란한 아름다운 궁전, 동화 속에서나 나오는 그러한 궁전에 갔다. 너무나 오색찬란하여 감탄사가 절로 나왔다. 와우~

우리 모두는 그 안으로 들어갔다.

그리고 식탁에 앉아서 식사를 했다.

천국에서도 식사를 하는 시간이 너무 좋다.

꼭 날아갈 것 같은 기분이다. 아멘.

여느 때와 같이 주님이 긴 식탁의 가운데 모퉁이 주님의 자리에 좌정하시고 그 오른편에 마리아가 앉고 그 왼편에 내가 앉았다. 그리고 부인들은 나누어서 주님의 오른편과 왼편에 앉았다.

주님이 나를 보고 활짝 웃으시면서 오늘 네가 $500 짜리 교통티켓 띤 것 때문에 속이 많이 상했지? 말없는 말을 하셨다.

그 순간 나는 갑자기 천국의 내 집의 식탁과 피아노가 모두 황금으로 된 것이 생각이 났다. 그것을 생각하는 순간에 주님 앞에서 나는 피식 웃음이 나왔다.

천국에 있는 내 집의 피아노가 순 황금이고 식탁이 순 황금인데 고작 이 세상에서 받은 교통 티켓 $500 때문에 속이 상하여 한 것이 참으로 우습게 여겨졌다. 그래서 그 순간 웃음이 피식 나온 것이다. 나는 그것 때문에 전혀 속상해 할 필요가 없다는 것을 깨달았다. 할렐루야.

나는 이렇게 생각한다. 주님이 내 집을 생각나게 하여 주셔서 그것이 아무것도 아니라는 것을 나에게 알려주셨다고.....

즉 속상해 하지 말라는 것이다.

그런데 가만 있자 그 부인들이 식탁에 함께 앉아 밥을 먹는데 이 밥은 천국음식이었다. 그런데 나는 이 부인들이 누군가? 하는 질문이 생겼다.

혹 마리아라는 이름을 가진 자들의 모임??? 이라는 질문이 내 안에서 올라왔다. 그런데 확실한 것은 마리아 옆에 있는 자들은 마르다와 그 동생 마리아이다.

그 옆에는 누군지 잘 모르겠다. 그리고 내 옆에 앉아있는 자들도 잘 모르겠다.

그들이 누구인지 나한테 알려지지 아니하였다.

나는 오늘 영과 육신의 차이를 확실히 알았다.

나의 육신은 지상에서 아직도 그 $500 티켓 띤 것 때문에 속상해하고 아파하고 슬퍼하고 있었다.

그런데 내 영은 정말로 기뻐하고 있었던 것이다.

왜냐하면 나는 그 티켓 띤 것 때문에 나는 주님 앞에서 나를 다시 돌아보고 회개할 것을 찾아 회개하고 있었기 때문이다.

그러므로 나의 영은 하나님 앞에서 매우 기뻐하고 있었다.

그래서 나는 내가 천국에 도착하였을 때에 매우 기분이 좋았다.

왜냐하면 천국에 도착한 것은 내 영이었기 때문이다.

내 육신은 여전히 $500 티켓 끊은 것 때문에 기분이 매우 언짢아 하고 있었다.

그러자 갑자기 성경의 말씀이 생각났다.

"살리는 것은 영이요 육은 무익하니라."(요6:63) 할렐루야!

또한 주님이 우리에게 범사에 감사하라는 말씀도 생각났다.

그래서 나는 교통티켓 $500 띤 것에 대하여 감사하기 시작하였다. 할렐루야!

[요 6:63] 살리는 것은 영이니 육은 무익하니라 내가 너희에게 이른 말이 영이요 생명이라

31

천국에서
주님이 내가 보고 들은 것을
지우시는 경우가 있다.

(2014. 2. 1)

천국에 올라갔다.

주님 외에 마리아 그리고 여인들이 보였다.

그러나 이번에는 마리아도 같이 가지 아니한다.

주님과 나는 그들을 밑으로 두고 주님과 나만 위로 아무것도 없음에도 불구하고 꼭 우리가 엘리베이터 타고 올라가듯이 위로 직진으로 비상하여 올라간다.

빠르게 말이다.

올라온 후에는 구름 없이 그냥 주님과 나는 날기 시작했다.

청색의 유리바다가 보이고

그 위를 날아가는데 백상어가 위로 솟아오른다.

바닷물이 폭포수처럼 흐르는 곳이 있다. 너무 아름답다.

황금 독수리가 와서 우리는 잠시 그 위에 있는 의자에 앉아 날았다. 또 어느새 독수리는 가고 주님과 나는 또 구름 없이 직접 날고 있었다.

어디로 가시나 했는데 넓은 들판으로 갔다.

들판이 초록색이 아니고 여기는 아주 흰색이었다. 눈도 아닌데.....

우리는 거기 내려서 주님과 나는 걷기 시작했다.

주님과 나는 걸으면서 한참 이야기했고 나도 동의하기도 하고 물어보기도 했는데 내려와서는 도무지 그 내용이 생각이 안 나는 것이다.

그래서 다시 천국에 두 번째로 올라갔다.

또 동일하게 그 들판에서 주님과 대화를 나누고 했는데 내려와서는 또 생각이 안 난다. 그냥 준비하라 하는 내용이었던 것 같은데... 하면서 전혀 생각이 안 난다.

무슨 이유일까 내려오자마자 필름이 끊긴 것 같이 전혀 생각이 안 나는.....

이전에도 이러한 적이 한 번 있었다.

내려오니 도무지 기억이 안 난 때 말이다.

그때도 이상히 여겼다.

내가 이런 경우는 아마도 주님이 내 기억을 완전히 지우시는 것 같다. 무슨 이유인지는 모르지만 말이다.

그런데 오늘 계시록을 읽으면서 비슷한 경우의 구절을 읽었다.

우연인지........아니면 읽게 하신 것인지.......

어찌하였든 그 구절들은 계시록에 있었다.

[계 10:1-4] (1)내가 또 보니 힘센 다른 천사가 구름을 입고 하늘에서 내려 오는데 그 머리 위에 무지개가 있고 그 얼굴은 해 같고 그 발은 불기둥 같으며 (2)그 손에 펴 놓인 작은 책을 들고 그 오른발은 바다를 밟고 왼발은 땅을 밟고 (3)사자의 부르짖는 것같이 큰 소리로 외치니 외칠 때에 일곱 우뢰가 그 소리를 발하더라 (4)일곱 우뢰가 발할 때에 내가 기록하려고 하다가 곧 들으니 하늘에서 소리나서 말하기를 일곱 우뢰가 발한 것을 인봉하고 기록하지 말라 하더라

내 마음에
일어나는 모든 것을
아시는 하나님

(2014. 2. 3)

아침에 침대에서 일어나기 전에 나는 천국에 올라갔다.

천국에 가니 주님이 반가이 맞아 주신다.

주님과 나는 같이 들판을 걸었다. 그러다가 구름이 왔다.

우리 (지금부터는 주님과 나를 우리라 부르겠다) 는 구름을 타고 날았다.

그런데 벌써 어느 집 대문 앞에 와 있었다.

'누구의 집인가?'하는 질문이 내 안에서 생기자 즉시 '삭개오'가 떠올랐다.

그 집에서 삭개오가 나왔다.

그는 금색 옷을 아래 위로 입고 있었다.

주님과 나는 삭개오의 집안으로 들어섰다.

거기는 이미 약 20명 정도의 사람들이 식탁에서 무엇인가를 한참 먹고 있는 중이었다.

주님이 들어서자 모두가 일어났다. 주님이 자리에 앉으시고 나는 그의 왼편에 앉았다.

거기 있는 모든 사람들은 다 삭개오와 같이 금빛나는 옷들을 입고 있었다.

내가 그들에 대하여 그냥 알아지는 것이 있었는데 이들은 모두 삭개오와 같이 평생 돈만 알다가 하나님을 만나 그 모든 돈들이 아무 것도 아님을 알고 다 가난한 자들에게 나누어 준 자들이었다. 할렐루야. 그런 자들이 천국에서 삭개오의 집에서 만나서 교제하고 있었다.

그리고 그들은 내가 듣게 돈이 아무 것도 아니라는 것에 대하여 한마디씩을 하는 것이었다.

그때 나에게 이런 생각이 들었다. 아하, 주님이 왜 나를 여기에 데리고 왔는지를 알게 된 것이다. 왜냐하면 그 자리에서 이런 생각이 들었으니까.....

내가 공항서 티켓 끊은 것을 court에 가서 재판장 앞에 설 때에 그때 나에게 티켓을 준 경찰관이 안 나오면 내가 이기고 그 case가 없던 것으로 처리되니까 나는 지상에서 그렇게 해보자하는 생각이 많이 들었었다. 그러나 한쪽에는 안 된다는 마음도 있었다. 그런데 오늘 주님은 설사 내가 진짜로 내 앞에 있던 큰 공항버스 때문에 빨간 신호등을 못 봤다 할지라도 내가 그 돈을 내고 교육을 받아야 한다는 것을 다시 한 번 돈이 아무 것도 아닌 것을 삭개오의 집에 나를 데려가서 알려주심으로 말미암아 가르쳐 주신 것이다. 그래서 나를 여기에 데리고 오신 이유를 알았다.

이 삭개오 집의 방문이후 나는 더 이상 고민 없이 나는 티켓값 그대로 500불 내고 교육도 받겠습니다. 하는 마음으로 온전히 바

꿰어졌고 더 이상 고민하지 않았다. (그런데 그 이후 나는 티켓 값을 내러 갔다. 오라는 날짜에 갔는데 case가 아예 없다는 것이다. 기록이 아예 올라오지 않았다는 것이다. 경찰관이 무슨 이유인지 모르지만 내게 티켓은 주었으나 기록에 올리지 않은 경우이다.). 그럼에도 불구하고 주님은 이렇게 나의 조금이라도 잘못된 마음을 발견케 하셔서 이렇게 천국에서 고치시는 것이었다.

주여 감사합니다. 바른 길 가게 하시는 하나님을 찬양합니다.

돈 때문에 죄짓지 말라는 것이다.

알라! 주님은 내 마음의 고민을 모르시는 것이 없도다.

[눅 19:8-9] (8)삭개오가 서서 주께 여짜오되 주여 보시옵소서 내 소유의 절반을 가난한 자들에게 주겠사오며 만일 뉘 것을 토색한 일이 있으면 사배나 갚겠나이다 (9)예수께서 이르시되 오늘 구원이 이 집에 이르렀으니 이 사람도 아브라함의 자손임이로다

육체를 쳐서
하나님의 뜻에 복종하면
하늘에서는 나를 위한
파티가 열린다

(2014. 2. 3)

천국에 올라갔다.

나와 주님이 구름에 탔는데 그 다음 마리아가 재빨리 주님과 내가 탄 구름에 올라탄다.

그리고 어디론가 가는데 마리아가 하는 말이 (여기서 아무 다른 말 없이 마리아라고 하면 예수님을 육체로 낳은 마리아를 말함을 알려둔다.)

나를 위하여 파티가 열렸다는 것이다. 왜인가? 하고 내 생각 속에서 질문이 일어나자 곧 내가 싫었지만 (싫었던 이유는 그 이전에도 두 번 정도 돈을 보냈는데 나에게도 힘이 좀 들었기 때문이다. 그런데 이번에 보낸 액수는 지난번 두 번 보낸 것을 합한 것보다 더 많은 액수였다. 나도 힘든데... 보내기 싫었는데 그러나 나는 억지로 복종해야 했다. 왜냐하면 그것이 하나님의 뜻인 것을 알았기 때문이다.) 하나님의 말씀대로 오늘 한국에 있는 어느 목사님께 필요한 돈을 보내드렸더니 그 순종을 보시고 나를 위하여 하늘에서 파티가 열린 것을 알 수 있었다. 할렐루야.

그곳에서는 솔로몬이 먼저 밖으로 뛰어 나와 우리를 맞아 주었고 그 다음은 다윗이 보였다. 그리고는 바울과 베드로가 보이고 또한 사도요한이 와 있었고 거기에 에스더와 삭개오도 보였다.

그들은 이제 나를 자기들의 동료라고 불렀다. 왜냐하면 내가 주님께 순종했기 때문이라고 했다. 사실 나는 그 돈을 보내고 싶지 않았다. 그러나 억지로 복종한 것이다. 나를 쳐서 말이다.

그런데 주님은 인색한 마음이 있는 나에게 마태복음 24장 45절부터 나오는 지혜롭고 슬기로운 청지기 비유에서 나오는 악한 종이 받는 벌을 나에게 보여주심으로 말미암아 너도 그런 벌을 받을 수 있음을 하늘에서 2-3번을 경고함을 받았다. 그래서 나는 주님이 하라는 대로 한 것이다. 액수도 정확히....

그리하였더니 하늘에서 나의 순종을 보시고 천국에서 이렇게 나를 위한 파티가 열리고 있는 것이었다. 할렐루야. 아멘.

그리고 내 안에는 이러한 질문이 생겼다.

그러면 내가 지상에서 하기 싫어도 하나님의 뜻이므로 내 육체를 쳐서 복종하면 이렇게 하늘에서 나를 위한 파티가 열리는 것인가? 하는 것이다.

그 질문에 대하여 나는 '예스' 라는 응답이 왔다. 할렐루야.

[마 24:45-51] (45)충성되고 지혜 있는 종이 되어 주인에게 그 집 사람들을 맡아 때를 따라 양식을 나눠 줄 자가 누구뇨 (46)주인이 올 때에 그 종의 이렇게 하는 것을 보면 그 종이 복이 있으리로다 (47)내가 진실로 너희에게 이르노니 주인이 그 모든 소유를 저에게 맡기리라 (48)만

일 그 악한 종이 마음에 생각하기를 주인이 더디 오리라 하여 (49)동무들을 때리며 술친구들로 더불어 먹고 마시게 되면 (50)생각지 않은 날 알지 못하는 시간에 그 종의 주인이 이르러 (51)엄히 때리고 외식 하는 자의 받는 율에 처하리니 거기서 슬피 울며 이를 갊이 있으리라

[고전 9:27] 내가 내 몸을 쳐 복종하게 함은 내가 남에게 전파한 후에 자기가 도리어 버림이 될까 두려워함이로라

주님이
참된 회개에 대하여
가르쳐 주시다

(2014. 2. 4)

　나는 천국에 도착하였다.

　나는 아침에 지은 죄 때문에 주님의 보좌 앞에 내가 엎드려 있었으나 그 바닥에서 일어설 수 없이 나의 영의 몸이 아주 무거움을 느꼈다.

　그래서 어떤 불가항력적인 힘으로 내 몸이 주님의 보좌 앞에서 그 바닥에 딱 붙어 있는 느낌이었다.

　내 힘으로는 도저히 일어날 수 없는.......

　내가 아무리 잘못했다하고 예수의 피로 죄 용서함을 구해도 나는 내 몸이 너무 무거워 그 영이 주님 앞에서 일어설 수가 없었다. 주님 제가 잘못했으니 용서하여 주세요! 라고 아무리 간구해도 내 몸은 일어나지 않았다. 바닥에 딱 붙은 채로.....

　그런데 "주님 제가 다시는 그러지 않겠습니다."라고 말하는 순간 천근만근같이 무겁게 여겨지던 내 몸이 주님 보좌 앞 바닥에서 그냥 벌떡 일어나지면서 가벼워지는 것이었다.

　아니 내가 그렇게 주님께 잘못하였다고 그 죄 용서함을 구했으나의 영의 몸이 너무 무거워 일어설 수 없었던 그것이 다시는 동일한 죄를 짓지 않겠습니다. 라고 말하는 순간 내 몸이 그 바닥에서 떨어진 것이다. '아니 이것은 도대체 또 무엇인가?'

주님은 분명히 나에게 오늘 무엇인가를 가르치려 하신 것을 알 수 있었다.

그것은 바로 이런 것이었다.

우리가 주님 앞에서 죄를 고백하고 죄 용서함을 구하면 주님 앞에는 갈 수 있으나 그러나 완전히 자유하지는 못한다는 것이다. 즉 내가 그 바닥에서 떨어지지 않은 것처럼. 그러나 언제까지?

'다시는 제가 그런 죄를 저지르지 않겠습니다.' 라고 주님 앞에 말하기까지 말이다. 할렐루야.

그러므로 온전한 회개는 죄 용서함을 구하고 그 다음 다시는 그러한 동일한 죄를 짓지 않겠다고 하는 결단이 있어야 한다는 것이다. 하나님은 우리가 회개할 때 우리의 잘못만 용서하여 달라고 하는 것이 아니라 다시는 그 죄를 짓지 않겠습니다. 하는 말까지 듣고 싶어 하시는 것이다.

주님은 현장에서 간음하다가 잡혀온 그 여인에게 이렇게 말씀하신다.

"나도 너를 정죄하지 아니하니 가서 다시는 동일한 죄를 짓지 말아라." 라고 말이다.

즉 주님은 그녀를 용서하여 주셨으나 그녀에게 다시는 동일한 죄를 짓지 않을 것을 요구하고 계셨다. 할렐루야.

마찬가지이다. 우리에게도 주님 앞에서 하는 온전한 회개는 잘
못하였다고 용서하여달라고 비는 것만으로 끝나지 않고 주님이 원
하시는 참된 회개는 다시는 그러한 동일한 잘못을 저지르지 않겠
다. 라고 결단하는 것이라는 것이다.

할렐루야. 가르쳐 주시는 주님을 찬양합니다.

[요 8:10-11] (10)예수께서 일어나사 여자 외에 아무도 없는 것을 보
시고 이르시되 여자여 너를 고소하던 그들이 어디 있느냐 너를 정죄한
자가 없느냐 (11)대답하되 주여 없나이다. 예수께서 가라사대 나도 너
를 정죄하지 아니하노니 가서 다시는 죄를 범치 말라 하시니라

그리고 난 다음 나는 주님께 물었다.

남이 날 무시하고 경멸할 때에 어떻게 해야 하냐고 물었다.

그런 때 참 힘이 든다고 말했다.

그때 주님은 나를 향하여 바라보시고 쳐다보시며 활짝 웃으신다.

그리고 그 환한 미소 뒤에는 주님이 이렇게 말씀하시는 것이 알
아졌다.

우리는 말 안 해도 다 통한다.

나는 이 세상을 창조한 창조주 하나님이지.....

그리고 모든 인간들을 내가 지었어....

그런데 사람들은 내게 침을 뱉고 나를 보고 '네가 구세주거든 너
부터 구해보라'고 했지.

나는 여기서 모든 것이 깨달아지고 알아지고 미안하여졌다.

주님이 창조하신 하잘 것 없는 인간들이 창조주 하나님을 알아

보지 못하고 그 하나님을 극도로 조롱한 것이다.

그러나 창조주 하나님 우리 주님은 그 모든 것을 말없이 견디셨다는 것이다.

나도 그렇게 참았는데..... 하시는 것이었다.

그런데 우리 인간들은 정말 하잘것없고 보잘것없는 인간들끼리 서로 잘났다고 싸우는 것이다.

우리 인간들이 서로에 의하여 자존심 상하여 아파하는 것은 창조주 하나님이신 주님이 이 세상에서 그가 창조하신 인간들에 의하여 멸시와 조롱을 당한 것에 비하면 정말 아무것도 아닌 것이 그 순간에 깨달아진 것이다. 할렐루야.

그러자 갑자기 우리 인간들이 하고 있는 짓들이 정말 우습게 여겨졌다. 그 순간 나는 주님께 너무나 죄송한 마음이 생겼다.

그래서 아이고 하나님 제가 잘못했어요. 라고 말했다. 말 안 해도 주님과 나는 통한다.

그러므로 주님은 우리가 다른 사람들에 의하여 조금 무시당하고 경멸당하였다하여 그것에 너무 마음 아파하는 그것을 나무라시는 것이다. 그것이 아니라고.......

아멘, 할렐루야

주님 죄송합니다. 다시는 그런 일로 마음 아파하지 않겠습니다.

또 그 순간 시므이가 다윗을 그렇게 저주해도 다윗은 그 말을 하나님이 하신 말씀으로 받아들인 것이 생각났다.

그렇다. 우리는 다른 사람들이 우리를 무시하고 경멸하여도 주님이 이 세상에서 경멸당하고 무시당한 것 생각하면서 오히려 다른 사람의 말을 다윗이 시므이가 하는 말을 하나님이 하는 말처럼

들은 것처럼 다른 사람들의 말을 귀담아 들을 필요가 있는 것이다.

할렐루야. 깨닫게 하여 주신 주님께 감사합니다.

[마 26:62-68] (62)대제사장이 일어서서 예수께 묻되 아무 대답도 없느냐 이 사람들의 너를 치는 증거가 어떠하뇨 하되 (63)예수께서 잠잠하시거늘 대제사장이 가로되 내가 너로 살아 계신 하나님께 맹세하게 하노니 네가 하나님의 아들 그리스도인지 우리에게 말하라 (64)예수께서 가라사대 네가 말하였느니라 그러나 내가 너희에게 이르노니 이 후에 인자가 권능의 우편에 앉은 것과 하늘 구름을 타고 오는 것을 너희가 보리라 하시니 (65)이에 대제사장이 자기 옷을 찢으며 가로되 저가 참람한 말을 하였으니 어찌 더 증인을 요구하리요 보라 너희가 지금 이 참람한 말을 들었도다 (66)생각이 어떠하뇨 대답하여 가로되 저는 사형에 해당하니라 하고 (67)이에 예수의 얼굴에 침 뱉으며 주먹으로 치고 혹은 손바닥으로 때리며 (68)가로되 그리스도야 우리에게 선지자 노릇을 하라 너를 친 자가 누구냐 하더라

주님이 어느 쪽이
먼저 공격을 당할까를
물어보심

(2014. 2. 5)

천국으로 올라갔다. 주님이 나를 맞아 주셨다.

갈 데가 있다 하신다. 저기 환한 빛이 보인다.

가보니 흰 큰 성이 있다.

이것은 누구의 집일까 생각하는데 솔로몬의 집이라는 생각이 들었다. 아니나 다를까 솔로몬이 우리를 마중 나온다.

그리고 거기에 다윗도 있다.

궁 안으로 들어서니 저쪽에 얼굴이 클레오파트라와 같이 화려한 여인이 한 사람이 보인다. 누구일까? (나는 나중에 이 여인은 바로 남방 여왕 시바여인이라는 사실을 알게 되었다. 이 때에는 그가 누구인지 나에게 알려지지 않았다.)

나는 그 여인을 보는 순간 아니 천국에 어떻게 저렇게 화려하고 요란하게 생긴 여인이 있을까 하고 궁금하여 하면서도 한편으로는 그러한 여인이 천국에 있는 것이 마음에 들지 않았다.

나는 천국에서도 내가 이러한 생각을 할 수 있다는 것이 신기했다.

[마 12:42] 심판 때에 남방 여왕이 일어나 이 세대 사람을 정죄하리니 이는 그가 솔로몬의 지혜로운 말을 들으려고 땅 끝에서 왔음이어니와 솔로몬보다 더 큰 이가 여기 있느니라.

그러는 중에 아주 요조숙녀 같은 아비가일이 도착하였고 내 마음을 알았는지 그 모습이 화려한 여인은 사라졌다.
천국은 이렇다. 내 마음이 상대방에게 그냥 전달된다.
천사들이 주님과 같이 있을 때에 내가 원하지 아니하면 그들은 사라져 준다.
왜냐하면 내가 주님과 둘이만 있고 싶다고 생각만 해도 이 마음이 전달되기 때문이다.
그리고 우리 5명 (주님, 나, 솔로몬, 다윗, 아비가일)은 한 자리에 앉았다.
주님은 주님의 자리에 앉으셨고 그분의 오른쪽 테이블에는 다윗이 앉았고 그 다음은 내가 앉았다.
그리고 우리 반대편에는 솔로몬과 아비가일이 앉았다.

그리고 테이블 위에는 한국지도가 이미 놓여 있었다.
직사각형의 큰 종이에 한국지도가 굵게 그려져 있고 그 바깥은 황토색이고 오히려 한국지도 안은 백색이다. 38선이 그려져 있고 윗쪽에 평양도시에 까만 점이 찍혀 있고 우리 쪽에 서울이 까만 점으로 찍혀 있다.
그리고 지도가 주님 쪽에 북한이 놓였고 우리 쪽으로 남한이 그려져 있다.

그러한 상태에서 앉아 있는 우리에게 주님이 물으신다.

어느 쪽이 먼저 공격을 당할까? 하고............

즉 평양이냐? 서울이냐? 라고 우리에게 물으시는 것이다.

나는 그 질문에 순간적으로 숨이 콱 막혔다. 엄청 당황하고 있었다. 왜냐하면 생각하여 보라 우리 쪽이 공격을 먼저 당한다 생각하면 얼마나 그 피해가 클지가 가히 상상이 갔기 때문이다. 순간적으로 나는 나에게 이런 생각이 들어왔다. 주님이 왜 이런 질문을 하실까?

모든 것을 다 알고 계시는 그분이시고 또 모든 일을 주관하시는 분도 그분이신데......

그 질문은 나에게 하시는 것이 분명했다. 왜냐하면 다른 이들은 다 천국에 이미 와 있는 자들이고 나는 아직도 지상에 있는 자이기 때문이다.

그리고 그 질문에 대한 대답은 모두가 알고 있었다. 북한이 먼저 남한을 공격할 것이라는 것을.... 그러면 서울이 먼저 공격당할 것임에 틀림이 없다.

그러시면서 나에게 이렇게 말씀하시는 것이다.

"피해가 적도록 기도하라."

즉 나보고 먼저 공격을 받을 때에 남한의 피해가 적도록 기도하라는 것이다.

그리고 내려왔는데....

내려오고 나서 천국에서 있었던 일을 생각해 보았다.

요즘에 나는 전쟁이 일어날 것에 대하여 걱정만 하고 한탄만 하고 슬퍼만 하고 있었지 나는 우리가 먼저 공격을 당할 때에 일어날 수 있는 그 큰 피해에 대하여 기도하지 않았다.

그리고 도발은 북한이 먼저 할 것이므로 분명 서울이 먼저 공격 당할 것임에 틀림이 없다. 아니 다른 말로 하자면 주님은 나에게 다시 서울이 공격당할 것임을 알려주신 것이다. 그리고 나에게 그 피해가 적도록 적극적으로 기도하라는 것이었다.

아멘 할렐루야. 주님 감사합니다.

기도하겠습니다......

그러나 우리가 선제공격하면 되지 않을까? 생각도 해보았다.

그래서 주님이 처음에 남한에 최대한으로 피해를 적게 하기 위하여 어떻게 하면 되냐고 물었을 때에 선제공격을 하라고 가르쳐 주셨던 것이다. 우리가 선제공격을 하지 않는 한 우리는 먼저 공격을 당할 것이다.

우리가 그와 함께
영광을 받기 위하여
고난도 함께 받아야

(2014. 2. 6)

천국에 올라갔다.

나는 주로 요즘 천국에 올라가면 다이아몬드로 장식된 면류관을 쓰고 있다. 그런데 오늘 천국에 올라갔는데 주님이 내게 아름다운 금면류관을 씌우시는 것이었다.

아 그리고 보니 주님도 오늘 금면류관을 쓰고 계신다.

그리고 흰 옷에 자주색 망토를 걸치셨다.

그런데 나도 흰 드레스에 자주색 망토를 걸치고 있는 것이다.

아니 왜 내가 주님과 똑같은 복장을 하고 있는지 궁금했다.

그리고 주님은 내 어깨에 손을 두르시고 주님과 나는 길을 걸었다. 주님이 내게 이렇게 말씀하시는 것이 느껴졌다.

나는 지금 주님과 같이 똑같은 복장과 면류관을 쓰고 있는 상황에서 주님은 내게 이렇게 말씀하시는 것이 느껴졌다.

그냥 알아지는 것이다.

[롬 8:17] 자녀이면 또한 후사 곧 하나님의 후사요 그리스도와 함께

한 후사니 우리가 그와 함께 영광을 받기 위하여 고난도 함께 받아야
될 것이니라.

즉 이 구절이 순간적으로 생각이 나는 것이었다. 이것은 나와 함
께 길을 걸으면서 주님이 내게 생각나게 하셨다고 하는 것이 맞다.
이것이 오늘 내가 왜 주님과 똑같은 복장을 하고 있는지에 대한 주
님의 대답이었다. 할렐루야.

주님은 내가 주님과 동일한 복장을 하게 하시고 또한 나에게 이
렇게 말씀하시는 것이었다.
"주님과 함께 영광에 들어가기 위해서는 고난도 함께 받아야 한
다." 아멘.
나는 왜 주님이 이 말씀을 나에게 오늘 주셨는가 생각해 보았다.
아하, 오늘 아침 우리나라를 놓고 눈물로 마음 아파하며 기도한
것이 생각났다. 즉 나라를 놓고 기도하는 것이 주를 위한 고난에
참여하는 것이라는 것이다.
할렐루야 아멘이다. 아멘인 것이다.

나는 주님과 한없이 걷고 싶었다.
왜냐하면 주님과 함께 있으면 너무나 좋기 때문이다.
한도 끝도 높이도 알 수 없는 엄청난 기쁨이 주님과 함께 있으
면 내 안에 충만하여지기 때문이다. 이것을 어떻게 표현할 수가 없
다. 할렐루야.
주님과 같이 걷고 있는데 뭉게구름 하나가 우리 앞에 도착했다.

순간 나는 또 주님과 내가 같이 탄다고 생각하니 눈물이 찔끔 났다. 너무 황홀하고 좋고 감사해서이다.

주님과 나는 그 구름을 탔다.

아니 그런데 주님과 내가 탄 구름을 갑자기 아름다운 사슴들이 나타나서 몰고 하늘을 나는 것이었다.

아니 어찌 이것이 천국에서 가능한지를 모르겠다. 아니 사실은 천국에서는 모든 것이 가능했다. 나는 기분이 한참 너무 좋았다.

어느새 우리는 구름마차에서 내려서 주님과 나는 다시 길을 걷고 있었다. 분명 위로 날아온 것 같은데 우리는 다시 도착한 그 곳에서 길을 걷고 있는 것이다.

그런데 이번 길은 조금 내리막 길이다.

주님과 나는 한참 말없이 같이 걸었다.

나는 그 시간이 멈추었으면 하는 생각이 들었다.

너무나 좋아서..... 한없이 그분과만 함께 있고 싶었다.

주님이 내게
천국과 지옥 방문에 대한
간증책을 쓰기를 원하셨다

(2014. 2. 6)

저녁에 또 한 번 천국에 올라갔다.

주님이 어디로 가고 싶으냐고 물으신다.

나는 내 집이 잘 있는지 궁금했다. 그래서 내 집에 가고 싶다고 하는 순간에 우리는 벌써 나의 집에 와 있었다.

달라진 것은 앞 정원에 있는 연못에 분수대가 새로 생겨서 물을 위로 높이 뿜어내고 있었다. 아하~ 정말 아름답다고 느꼈다.

또 연못에 노란 황금색의 잉어와 회색깔의 잉어가 더 생겼다.

같이 뛰어 오르니 색깔의 대비가 너무 아름답다.

주님과 나는 우리 집 안으로 들어섰다.

주님이 집안에 있는 천사에게 책을 가져 오라고 명령했다.

그랬더니 그 천사가 내 집안에서 녹색 가죽에 금색 무늬장식이 있는 책을 갖고 왔는데 그 책은 상자 같은 곽속에 들어 있었다.

저것이 무슨 책이지? 하고 궁금하여 하는데 그 책은 아직 안에 아무것도 쓰이지 않은 백지들로 되어 있었다.

나는 즉시 내가 써야 할 책인 것을 알 수 있었다.

무엇에 대하여? 아~ 그렇다.

나는 주님께 내가 천국과 지옥에 대한 간증 책을 써야 합니까? 라고 지상에서 내가 기도할 때 물었던 것이 생각났다.

그리고 주님은 내가 책을 써야 한다는 것을 이렇게 천국에 있는 내 집에 와서 천사보고 백지로 된 책을 갖고 오라하셔서 알려 주시는 것이었다.

그래서 나는 바로 주님께 물었다.

"주님 한 권만요?"라고 물었다.

그 순간 내 눈에 또 한 권의 책이 보이는데 이번에는 붉은 가죽 표지에 금색 무늬장식이 있는 책이었다. 이 역시 곽속에 들어 있었고 그 안은 다 백지였다. 주님은 현재 나에게 최소한 두 개의 책을 써야 함을 알려주신 것이다.

나는 여기서 천국에서 내려와서 깨닫는 것이 있다.

주님이 내게 어디로 가고 싶으냐? 라고 물으셨을 때에 주님은 이미 내가 내 집이 궁금하다는 것을 알고 계셨다.

그래야 내 집에 있는 두 책을 나에게 보여 주시면서 내가 물었던 질문 내가 과연 천국과 지옥에 대한 책을 써야 하는지에 대한 대답을 하실 수가 있기 때문이다.

할렐루야.

아니 어떻게 보면 내 집으로 가시기 위하여 어디로 가고 싶으냐고 물으셨을 수도 있다. 왜냐하면 내 안에서 나는 내 집이 어떻게 되었는지 궁금해 하던 차였기 때문이다.

주님은 내 마음 안에서 일어나는 모든 생각을 다 알고 계시는 분이기 때문이다.

[롬 10:13-15] (13)누구든지 주의 이름을 부르는 자는 구원을 얻으리라 (14)그런즉 저희가 믿지 아니하는 이를 어찌 부르리요 듣지도 못한 이를 어찌 믿으리요 전파하는 자가 없이 어찌 들으리요 (15)보내심을 받지 아니하였으면 어찌 전파하리요 기록된바 아름답도다 좋은 소식을 전하는 자들의 발이여 함과 같으니라

그런데 여기서 나는 또 한마디 하고 넘어가야 한다. 뭐냐면 주님이 내게 책을 꼭 써야 한다는 것을 보여 주신 것은 좋은데 그 책의 표지가 정말 마음에 안 들었다.

누가 요즘에 책 표지를 가죽으로 하며 그것도 녹색에다가 금색 무늬까지 넣는다 말인가? 지금 현대의 사람들은 이런 표지를 아무도 좋아하지 않는다. 그래서 그 표지를 볼 때에 마음이 무척 언짢았는데 주님은 분명히 그 마음을 아심에도 불구하고 그 마음을 무시하시는 것 같았다. 그러나 나중에서야 왜 그랬는지를 가르쳐 주셨다. 어찌하였든 주님은 참으로 멋지시다.

내 집에 들어가는
황금 대문을 처음으로
보게 되다.

(2014. 2. 8)

천국에 올라갔다.

나는 지상에서는 시력이 나빠 근시 안경을 쓴다. 시력이 양쪽이 다 -5.0 이다. -7.0 이면 우리나라에서는 군대를 면제받는다.

나는 안경을 벗으면 사물이 뚜렷이 안 보이고 20cm 이후의 글자들은 정말 아무 것도 읽을 수 없다.

그런데 내가 천국에 가면 안경을 전혀 안 쓴다. 그럼에도 불구하고 너무 잘 보인다. 오늘도 나는 역시 머리에는 다이아몬드로 장식된 면류관을 쓰고 있었고 또한 작은 보석들이 아름답게 장식된 하얀 드레스를 입고 있었다.

나는 주님을 만나자마자 나는 너무 기뻐하였다.

그런데 오늘은 올라가자마자 내 앞에 황금으로 된 큰 문이 보이는 것이었다. 너무나 웅장하다. 그리고 그 문 위는 기와로 되어 있었다. 여기가 어딜까? 하고 궁금했는데 주님이 말씀하신다.

들어가자!

들어가니 넓은 정원이 있는데 너무 아름답다.

연못이 있고 분수대가 있고 잉어들이 뛰어 오르고 어디서 많이 보던 곳이다. 아하, 내 집이다. 연못 옆에는 눈물을 담은 병이 있다. 거기에는 눈물이 보석돌들로 되어 담겨 있는데 그 병은 분홍색으로 된 크리스탈 유리병이다. 아니 이렇게 아름다울 수가........

나는 내 집에 몇 번이나 와 보았으나 오늘처럼 이렇게 아름다워 보인 적은 없다.

주님과 나는 집안으로 들어갔다.

여전히 내 집안에는 금으로 된 피아노와 금으로 된 식탁과 금으로 된 의자들이 놓여 있었다.

그리고 주님이 내게 이전에도 보여주셨던 대로 아름다운 침대와 최고급 호텔의 욕실보다 더 화려한 욕실이 있었다. 할렐루야.

주님과 나는 식탁에 앉았는데 테이블 위에는 유리그릇 같이 생긴 보석 그릇이 놓여 있었다. 그 그릇이 얼마나 아름다운지 나는 너무 황홀하여 눈물이 날 것 같았다.

그 보석 그릇 안에는 큰 포도알 두 개가 담겨져 있었다.

주님과 나는 그것을 먹었다.

그리고 어느새 우리의 탁자 위에는 내가 써야 할 책들, 즉 녹색으로 된 가죽 겉표지와 붉은색 겉표지에 표지의 가장 자리가 황금색 무늬가 있는 그 책들이 놓여 있었다. 안에는 다 백지이다.

나는 주님께 물었다. "주님 어떤 내용들을 써야 하나요?"

주님이 말씀하신다. 내가 너를 천국에서 보여준 것들 중에

내가 미리 네가 올라오기 전에 보여줄 것들을 정하여 놓았던 것들을 증거하라. 그리고 그 사이 사이에 그런 것이 아닌 것들을 넣으라 하시는 것이었다.

"주님 제목은 어떻게 해야 하나요?"

주님이 말씀하신다.

"많은 사람들은 내가 천국에 있다는 것조차도 잘 모르고 또한 그 것을 잘 믿지 아니한단다."

그러면 나는 생각했다. 제목을 어떻게 해야지?

'천국의 주인이신 예수' 이렇게 해야 하나?

주님은 아직 여기에 대하여 아무 말씀이 없으시다.

책 제목에 대하여 주님과 의논하다가 내려왔다.

오늘 나는 내 집의 대문을 처음 보았다. 늘 내 집에 가면 정원부 터 보였는데 오늘은 내 집 정원으로 들어가는 엄청나게 큰 황금대 문을 본 것이다.

내 집의 대문이 그렇게 화려하고 크고 웅장할 줄은 정말 몰랐다.

할렐루야. 주님 감사합니다. 너무나 감사드립니다.

이 자격 없는 자에게 그렇게 훌륭한 대문과 정원과 집을 마련하 여 놓으셨다니요? 정말 눈물이 날 정도로 감사하였다.

아멘. 할렐루야!

여기서도 또 한마디 하고 넘어가야겠다. 나는 오늘도 내 집에서 내가 써야할 책의 표지를 보았다. 나는 그 책 표지를 볼 때마다 주 님께 '주님 저 표지가 마음에 안 들어요!' 하고 아무리 마음으로 말 해도 하나님은 들은 척도 안하신다. 주님은 꼭 이 표지를 고집하시 는 것이었다.

천국과 지옥
간증집회를
매우 기뻐하시는 주님

(2014. 2. 10)

천국에 올라갔다.

나는 지상에서 문제가 발생하여 내 육신은 참으로 괴로워하며 주님 앞에 앉아 회개하며 주님의 인도하심을 엄청 구했는데 내 영은 주님을 만나자마자 너무 기뻐하였다.

나는 그의 손을 두 손으로 잡고 그 위에 입을 맞추었다.

물론 주님의 손은 못으로 인하여 구멍이 뚫린 손이다.

그러자 주님은 내 머리위에 안수하시고 또 내 이마에 입을 맞추어주신다.

그리고 주님은 나를 갑자기 목마를 태우신다. 어머나, 나는 부끄러운 것도 없다. 그냥 너무 좋았다. 꺄르륵꺄르륵... 어찌 이렇게 좋을 수가....

나는 주님께 고민이 있다고 했다. 그랬더니 주님은 말씀하신다. 모든 것을 내게 맡기라고.... 아멘. 그래서 나는 그 모든 것을 주님의 손 위에 올려놓는다 했다.

그리고 나서 주님과 나는 아주 넓은 정원처럼 생긴 두께가 얇고 얇은 구름을 탔다.

거기는 황금식탁이 하나 놓여 있었고 두 의자가 마주 보게 놓여 있었다.

주님과 나는 거기 앉아서 보석그릇에 담긴 음식을 먹었다.

여러 천사들이 우리의 먹는 것을 시중들었다.

나는 오늘 왜 이러한 특별한 상황이 벌어지는지 몹시 궁금하였다.

구름위에서 이렇게 식탁이 놓여 있고 구름위에서 이렇게 앉아서 먹는 것이 처음이었다. 나는 주님과 오손도손 식사를 같이 했다. 그것도 구름위에서....

그리고 나는 갑자기 이런 질문을 하는 것이었다.

아니 실제로는 주님은 내가 천국에 올라오기 전부터 내가 주님께 무슨 질문을 할 것인지 미리 알고 계시고 그래서 나를 올라올 때부터 목마를 태우는 등 그리고 지금 구름위에서 식탁을 차려놓고 나와 함께 먹는 것 등 그렇게 하신 것을 안다.

"주님 제가 천국과 지옥에 대한 간증집회를 해야 하나요?"

라고 묻는 것이었다.

그 질문에 주님은 활짝 웃으신다. 그러면서 주님은 내게 저번에 천국과 지옥간증을 1박 2일로 해서 OOO 기도원에서 가서 할 때에 주님이 이것을 너무 기뻐하셔서 나를 위하여 천국에서 파티를 열어주신 것을 기억나게 하여 주신다.

즉 이 생각이 나는 순간 나는 즉시 알았다. 아하, 주님은 이번에도 내가 천국과 지옥 간증 집회를 하기를 원하시는구나...

천국에서는 자주 주님은 나의 질문에 말씀으로 대답하는 대신 무엇을 생각나게 해주신다. 그런데 그것이 바로 주님이 나에게 주시고자 하는 대답인 것이다. 할렐루야.

즉 구름위에서의 나와의 식탁을 놓고 식사를 하신 것은 그리고 나를 목마를 태우신 것은 미리 주님이 내가 어떤 질문을 할 것인지를 아시고 기뻐하셔서 그렇게 하신 것을 믿는다. 아니 실제로 그렇다. 주님은 미리 아신다. 앞 일을 알고 계시는 분이라 그 질문하는 것이 기뻐서 그렇게 나를 기분 좋게 해주신 것이다. 주여!

주님이 원하신다면 하겠습니다.

우리나라에 대한 하나님의 계획을 알게 하시다.

(2014. 2. 12)

[사 55:8-11] (8)여호와의 말씀에 내 생각은 너희 생각과 다르며 내 길은 너희 길과 달라서 (9)하늘이 땅보다 높음 같이 내 길은 너희 길보다 높으며 내 생각은 너희 생각보다 높으니라 (10)비와 눈이 하늘에서 내려서는 다시 그리로 가지 않고 토지를 적시어서 싹이 나게 하며 열매가 맺게 하여 파종하는 자에게 종자를 주며 먹는 자에게 양식을 줌과 같이 (11)내 입에서 나가는 말도 헛되이 내게로 돌아오지 아니하고 나의 뜻을 이루며 나의 명하여 보낸 일에 형통하리라

천국에 올라갔다. 바다위에 황금으로 된 배가 보였다.

그 배는 다 황금으로 되어 있었으나 모양새가 꼭 전쟁하는 배처럼 여겨졌다. 주님과 나는 구름을 타고 그 배로 이동했다.

배에는 황금테이블과 의자가 준비되어 있었고 주님과 나는 각각 의자에 앉았다.

그리고 주님은 내게 무엇을 먹이실 생각이다. 왜냐하면 내가 우리나라에 전쟁이 일어날 것에 대하여 마음이 아파하는 것을 아시

기 때문이다. 그런데 나는 무엇을 먹는 것도 관심이 없었다.

우리나라에 전쟁이 일어나는 것 생각하면서 주님의 무릎에 얼굴을 파묻고 그냥 울었다. 왜냐하면 어제 주님은 나에게 서울이 전쟁으로 인하여 많은 빌딩들이 불에 붙은 것을 보여주셨기 때문이다.

어제 나는 천국에 올라갔는데 주님이 나를 뭉게구름에 태워서 어디론가 데리고 가셨는데 그곳은 지구 위였고 아래로는 많은 높은 빌딩들이 있었는데 그 빌딩들의 중간이 다 불이 붙은 것이 보였다. 그 도시는 서울이었다. 즉 서울의 많은 빌딩들이 전쟁으로 인하여 불이 붙은 것을 본 것이다.

주님은 이렇게 또 다시 우리나라에 전쟁이 일어날 것을 보여주신 것이다.

나는 그것을 보자마자 "주님 어떻게 해야 하나요?" 하는 질문이 내게 생기고 있었다. 그러자 주님이 이전에 하신 말씀이 생각났다.

그렇지 피해가 적도록 선제공격하도록 기도해야지……

내려와서도 이 광경 때문에 마음이 무척 아팠다.

그리고 오늘 이 배에 와서 주님은 나에게 뭔가를 먹이시려 하시는 것이었다.

왜냐하면 나는 오늘 우리나라에 전쟁이 일어날 것에 대하여 마음을 많이 아파하면서 마음을 찢으면서 기도했기 때문이다.

주님이 내게 뭐 좀 먹어야 한다 하셨다.

그러더니 천사가 한 입에 들어가는 크기의 살살 녹는 과자를 가져왔다.

주님이 나보고 영이 기운을 차려야 한다 하시면서 하나를 손으로 먹이시고 또 계속 먹이시는데 다섯 개 정도를 먹이셨다. 그 맛은 꿀같이 달았다.

그리고 주님이 말씀하신다.

"저기를 보아라."

주님이 가리키는 곳을 보니, 북한의 지도가 바다 저편에 보였다.

그리고 거기에는 하늘의 아름다운 새 예루살렘성과 그 위로 큰 무지개가 떠있는 것이 그 지도위에 보였던 것이다.

나는 순간 감탄사를 외쳤다. "와우…"

그것은 북한에 복음이 자유롭게 들어가서 수많은 영혼들이 구원을 받아 하나님의 나라가 이루어진다는 것을 보여준 것이었다.

아, 얼마나 황홀한지……

북한이 구원의 길로 들어서다니…… 주여!

주님이 말씀하신다. "얼마 남지 않았다."

즉 북한에 그런 일이 곧 일어난다는 것이다.

나는 정말 기뻤다. 눈물이 나올 정도로…

그리고 그렇게 되는 것이 너무 좋았다.

그러고 있는데 마리아가 왔다. 그 다음 사도요한이 도착했다.

그리고 바울과 베드로가 왔다. 그리고 우리 모두는 그 황금 테이블에 앉았다.

우리 모두는 길고 얍삭하게 생긴 유리 보석 컵들을 들고 건배하듯이 먹고 있었다.

바다 저 멀리서 보이는 북한에 복음이 들어가 많은 영혼들이 구원받을 것을 보고 다 기뻐서 축배를 하는 것이다.

테이블에 또 아니나 다를까 한국지도가 놓여 있었다. 이런 경우는 갑자기 지도가 생긴다. 누가 갖다놓는 것을 본 것도 아니다.

왜냐하면 사도들이 모이고 또 한국지도가 놓여있는 테이블만 보면 이제는 나는 노이로제가 걸리는 것 같다. 왜냐하면 또 전쟁이야기를 할 것이 분명하기 때문이다.

나는 아무리 천국이지만 한국전쟁 이야기하면 괴롭고 또 괴로운 것은 어쩔 수 없었다.

그런데 이번에는 한국지도가 남북한 구분이 없이 모두가 다 녹색이었다. 그리고 나서 그 지도의 색깔이 모두가 지켜보는 데에서 황금색으로 변하는 것이었다.

아니 또 조금 있다가는 전체의 지도색깔이 흰색으로 변하여 버린 것이다. 무슨 요술지도를 보고 있는 것 같았다.

그러나 우리나라 지도에서 이 세 가지의 색깔이 무엇을 의미할까

녹색은 남한에 의하여 한국이 통일되고

황금색은 우리나라 전체에 하나님의 나라가 형성되며

그리고 또 우리나라 전체가 흰색으로 변한 것은 우리 민족이 예수의 보혈의 피에 우리의 죄를 깨끗이 씻어서 주님오시는 그날에 거룩한 백성들이 예비 되는 것을 의미하는 것일까?

아니 나는 적어도 그렇게 해석이 되었다.

할렐루야 주님 감사합니다.

부연설명 :

내가 왜 천국에서 한국전쟁에 대한 것을 더 이상 보고 싶어 하지 않았냐면 2013년 12월 14일부터 계속 주님은 나에게 천국에서 한국전쟁에 대한 계시를 많이 보여 주셨다.

나는 전쟁 계시를 받은 이후 거의 두 달 동안 나는 넋이 나갔었다. 왜냐하면 너무 괴로웠기 때문이다. 무엇을 어떻게 해야 할지 삶에서 무엇이든지 손에 잡히지 않았다. 넋이 나갔다고도 할 수 있다. 하루 이틀도 아니고 두 달 동안.......

나는 너무 슬프고 너무 힘들고 몸에 힘이 쫙 빠지고 우리나라에 전쟁이 난다고 생각하니 내가 하고 있는 목회고 뭐고 별로 관심이 없어지고 그 일에만 모든 신경이 가 있어서 넋이 빠진 생활을 했다. 전쟁이 나면 적어도 핵전쟁이라 수 백만 명이 다치고 죽을텐데.... 이 어찌 슬프고 슬프지 아니하겠는가 말이다.

오호라 통재라.... 주여 어찌하면 좋겠삽나이까?

천국에는
왕의 신분이 있다.

(2014. 2. 14)

한 번 더 올라갔다.

내 면류관이 금면류관에 위에 뾰족한 곳마다 다이아몬드가 달려
있는 무게 있는 금면류관으로 바뀌어 있었다.

그리고 흰 드레스에 황금색의 망토를 걸치고 또 왕과 같은 금홀
을 오른손에 들고 있었다.

이것이 웬일이지?

내가 왜 이런 복장을 하고 있지?

그러고서는 나는 주님의 보좌 앞에 나아갔다.

나는 그분 앞에서 금면류관을 벗어 드리면서 저는 이것을 받을
자격이 없다고 했다.

주님은 "내가 받겠다 그러나 다시 쓰라" 하신다.

나는 계속 궁금하였다.

오늘 내가 왜 이런 복장을 하고 있는지....

그러면서 갑자기 '아하! 천국에도 왕의 신분이 있구나!' 깨달아진
것이다.

오늘 내가 그러한 복장을 하고 있는 것은 내가 천국에서 왕의 신분으로 다스리는 자로 살 것임을 말씀하고 있는 것이었다.

[계 2:26-27] (26)이기는 자와 끝까지 내 일을 지키는 그에게 만국을 다스리는 권세를 주리니 (27)그가 철장을 가지고 저희를 다스려 질그릇 깨뜨리는 것과 같이 하리라 나도 내 아버지께 받은 것이 그러하니라

그런데 도대체 내가 무슨 일을 하기에 이러한 왕의 신분을 가질 수 있는가 궁금해졌는데 나에게 저절로 알아지는 것은 아하! 내가 천국과 지옥간증을 함으로써 천국에서 왕의 신분을 갖게 되는 것이구나! 그냥 알아졌다.

그러자 나는 속으로 말했다. 주님 인도하소서! 아멘.

그래서 요즘에 내가 천국에 올라갔을 때에 몇 번씩이나 주님이 이것을 말씀하시기 위하여 나에게 황금 가운을 입히시고 꼭 여왕처럼 복장을 여러 번 입히신 것이 이제 이해가 되어진 것이다.

나는 요 며칠 동안 천국에 올라가면 자꾸만 내가 여왕의 복장을 하고 있는 사실을 발견하였던 것이다. 그런데 그 이유를 몰랐는데 그 이유가 오늘 알아진 것이다.

나는 말했다. "주님을 찬양합니다. 이 보잘 것 없는 저를 그렇게 써 주신다니요?"

이는 그만큼 주님은 우리가 천국과 지옥간증을 하는 것을 기뻐하신다는 것이다.

[고전 15:41] 해의 영광도 다르며 달의 영광도 다르며 별의 영광도 다른데 별과 별의 영광이 다르도다

[고전 15:42-44] (42)죽은 자의 부활도 이와 같으니 썩을 것으로 심고 썩지 아니할 것으로 다시 살며 (43)욕된 것으로 심고 영광스러운 것으로 다시 살며 약한 것으로 심고 강한 것으로 다시 살며 (44)육의 몸으로 심고 신령한 몸으로 다시 사나니 육의 몸이 있은즉 또 신령한 몸이 있느니라

자살한 자들이
가는 지옥을 보다.

(2014. 2. 15)

천국에 올라갔다.

주님은 내가 지옥갈 것을 아시고 이미 세 명의 갑옷을 입은 그리고 방패와 창까지 든 천사들을 준비해놓고 계셨다. 내가 지옥을 방문할 때에는 주님은 안 가시고 나에게 꼭 마귀의 부하들로부터 보호할 천사들을 붙이신다.

나는 주님을 보자마자 "주님 자살한 자들이 가는 곳을 보여 주세요" 라고 했다.

그랬더니 그 세 명의 무장한 천사들과 함께 나는 밑으로 수직으로 내려갔는데 밑으로 내려가는 것이 꼭 검은 통속으로 내려가듯이 내려갔다. 그리고는 밑으로 계속 내려가는 것이 아니라 내려가다가 이제는 옆으로 통로가 쭉 나있어서 옆으로 쭉 갔다.

그러다가 다시 밑으로 한참 내려갔다. 그러다가 다시 옆으로 길이 나있어서 옆으로 쭉 갔다. 그러다가 다시 밑으로 내려갔다.

이것을 한 서너 번 되풀이하다가 결국은 우리가 도달한 곳이 바로 최근에 죽은 OOO와 그 동생이 자살한 이유로 고통 받고 있는 곳이었다.

왜 하필이면 또 이 두 사람이 보이는지 모르겠다. 왜냐하면 내가 아는 사람이 없기 때문일까? 그리고 지옥을 이런 식으로 내려오기는 처음이다.

한참을 수직으로 쭉 내려가다가 다시 옆으로 가다가 다시 밑으로 내려가는 이것을 되풀이 하는 꼭 무슨 계단을 내려가듯이 말이다.

그러므로 지옥을 내려올 때에 이렇게 내려온 적이 없으므로 분명히 자살한 영혼들이 가는 곳이 매우 특별한 장소인 것만이 분명했다.

거기서 OOO과 그 동생이 한사람씩 각각의 긴 장대 같은 곳에 묶여서 달려 있었다. 그들은 약 20m 정도 떨어져 각각 달려 있었다. 장대는 매우 길었다. 장대 아래는 매우 깊어서 잘 보이지 않았다. 그리고 무엇인가 그들의 목을 칭칭 감고 또 장대를 함께 감고 있었다. 그리고 또 온 몸을 칭칭 단단하게 감아서 장대에 묶고 있었다.

그 동생도 동일하게 그런 식으로 고통 받고 있었다.

나는 그들이 보이자마자 내 지상의 몸이 신음하고 있었다.

그들의 고통이 느껴져서 말이다.

즉 그들은 긴 장대에 목도 묶여 있고 몸도 그렇게 묶여서 달려 있었다. 거기에 그들의 살갗이 안보일 정도로 꼭 밧줄로 칭칭 감아 놓듯이 빽빽이 감겨 있었다.

목에서부터…. 아랫몸까지….

그리고 그 장대 아래쪽을 보니 사실은 아래에 갈색과 검정색들의 구렁이들이 가득하였다. 색깔이 짙어서 그런지 그래서 처음에 무엇인지 잘 보이지 않았다. 그런데 그들이 장대를 타고 올라온다. 장대에 묶여 있는 OOO과 그 동생을 괴롭히기 위하여...

자세히 보니 그들을 목에서부터 감고 있는 것이 사실은 다 이 구렁이들이었다. 즉 뱀들이 목을 조이고 몸을 또 조인다. 계속 압력이 세지니까 구렁이 몸 사이사이로 살이 터져 나오고 있었고 뱃속의 내용물도 살갗안의 내용물들이 뱀들 사이로 터져 나오고 있었다. 피도 나왔다. 이들은 너무 괴로워했다.

아! 이 고통과 괴로움을 도대체 누가 알까?

나는 그들의 고통이 너무 불쌍하여 계속 내 지상의 몸은 신음하고 있었다. 그 고통은 참으로 보기도 힘든 고통이었다.

[눅 12:4-5] (4)내가 내 친구 너희에게 말하노니 몸을 죽이고 그 후에는 능히 더 못하는 자들을 두려워하지 말라 (5)마땅히 두려워할 자를 내가 너희에게 보이리니 곧 죽인 후에 또한 지옥에 던져 넣는 권세 있는 그를 두려워하라 내가 참으로 너희에게 이르노니 그를 두려워하라

우리는 자살하면 지옥 간다는 사실을 잊지 말아야 할 것이다.

동성 연애하는
자들이 가는
지옥을 보다

(2014. 2. 15)

　나는 자살한 자들이 가는 지옥을 보고 온 다음 나는 주님께 동성 연애하는 자들이 가는 지옥을 가보고 싶다고 하였다.
　그리하였더니 내 눈앞에 벌써 그 지옥이 보이기 시작했다.
　내가 언제 지옥에 내려왔나 싶을 정도로 바로 내 눈에 보이기 시작한 것이다.

　벌거벗은 자들이 보였다. 그들은 남자 동성 연애한 자들이었다.
　마귀의 부하가 큰 대못을 가지고 그들의 항문에다가 망치로 박아 넣듯 박아 넣는다.
　또 한 마귀의 부하는 벌거벗은 남자를 쇠로된 대꼬챙이에 사람을 항문에서부터 넣어서 입으로까지 나오게 하여 사람이 그 꼬챙이에 꾀었다.
　마귀부하는 낄낄거리며 사람을 꿴 그 꼬챙이를 휙휙 내두르면서 이리 뛰고 저리 뛰며 좋아하면서 돌아다닌다.
　여자 동성연애자는 한 여자의 가슴을 마귀의 부하가 창으로 푹

푹 찌른다. 피가 푹푹 나온다. 그리고 유두 중심으로 칼로 유방을 도려낸다. 그리고 다른 마귀부하는 그 여자의 국부를 도려내어 먹는다.

그리고 남성의 국부는 마귀부하가 거기다가 무슨 밀가루 반죽같이 생긴 것을 그 국부 끝에 둥그렇게 붙여서 그 국부를 한없이 잡아 당긴다. 그러면 결국 그것이 떨어져 나오는데 결국 떨어져 나온 그 국부를 마귀부하가 먹는 것이다.

그런데 이 모든 것들은 사람들을 다 나무형틀에 눕혀서 그러한 형벌을 가하고 있었다. 그리고 이 모든 것을 가한 후에 마귀의 부하들은 이들을 빨랫줄에 나란히 걸듯이 매달아 놓았다. 나란히...

이 세상에 잠깐 사는 날 동안 하나님이 주신 육체를 의의 병기로 쓰지 않고 육체의 더러운 정욕에 내어준 이들이 영원한 지옥에서는 이런 형벌을 받는다는 것을 서로에게 보여주듯이...

[롬 1:21-27] (21)하나님을 알되 하나님으로 영화롭게도 아니하며 감사치도 아니하고 오히려 그 생각이 허망하여지며 미련한 마음이 어두워졌나니 (22)스스로 지혜 있다 하나 우준하게 되어 (23)썩어지지 아니하는 하나님의 영광을 썩어질 사람과 금수와 버러지 형상의 우상으로 바꾸었느니라 (24)그러므로 하나님께서 저희를 마음의 정욕대로 더러움에 내어 버려 두사 저희 몸을 서로 욕되게 하셨으니 (25)이는 저희가 하나님의 진리를 거짓 것으로 바꾸어 피조물을 조물주보다 더 경배하고 섬김이라 주는 곧 영원히 찬송할 이시로다 아멘 (26)이를 인하여 하나님

께서 저희를 부끄러운 욕심에 내어 버려 두셨으니 곧 저희 여인들도 순리대로 쓸 것을 바꾸어 역리로 쓰며 (27)이와 같이 남자들도 순리대로 여인 쓰기를 버리고 서로 향하여 음욕이 불 일듯하매 남자가 남자로 더불어 부끄러운 일을 행하여 저희의 그릇됨에 상당한 보응을 그 자신에 받았느니라

  오늘 주님은 나에게 동성 연애하는 자들이 지옥간 것을 보여주었다.
  그렇다 동성 연애하면 지옥 간다.
  회개치 아니하면....

유산죄를 지은 자들이
가는 지옥을 보다.

(2014. 2. 16)

유산 죄를 지은 자들이 가는 지옥을 갔다.

이번에는 갑옷을 입지 않은 거인과 같은 세 명의 천사들이 나를 호위하였다.

꼭 옛날 요술병속에서 근육질의 남자가 팔짱을 끼고 나타나서 "주인님 뭘 원하십니까?"라고 하는 머슴과도 같은 모양을 한 근육질의 세 천사들이다.

그들은 내가 지옥 가는데 수호하는 천사들로 붙여졌다.

나는 어느 새 흰색의 윗도리와 몸에 착 달라붙는 승마할 때 입는 옷 같은 것을 입고 머리는 경쾌하게 뒤로 한 가닥으로 묶었다.

그리고 이들과 같이 지옥으로 내려갔다.

벌거벗은 여자들이 절벽에 쭉 늘어섰는데 그들의 머리가 다 꺾여 있는 것이 보였다. 즉 연필의 몸뚱이가 부러져 목이 약간만 붙어 있는 그런 모양이었다.

그 순간 아이를 죽인 것이 살인죄니까 마귀의 부하들이 지옥에서 이들의 목을 꺾나보다 하는 생각이 들었다.

이 여자들은 절벽 같은 곳에 벌거벗은 채로 달려 있었다.

그리고 마귀의 부하들이 그 여인들의 이쪽저쪽 다리를 하나씩 비틀어 빙 돌려서 엉덩이에서부터 빼내어 중앙에 웅덩이처럼 크고 넓은 곳에 버린다. 쌓는다고 하는 편이 더 맞다. 두 다리 두 팔을 그런 식으로 빼내어 버린다.

꼭 아기를 그 자궁 속에서 소파 수술할 때에 그렇게 분질러서 꺼내어 버린 것과 같은 벌을 받고 있는 것이다.

다리 하나가 빠져 나갈 때마다 여인들은 기겁을 하며 소리를 지른다. '내 다리' '내 다리' 하면서...

그리고 마귀부하들은 그들의 몸통만 남았을 때 꺾인 머리와 함께 같이 팔다리가 쌓여 있는 그곳에 던져 내버린다.

그러면 꼭 쓰레기가 쌓여있듯 그 많은 팔다리와 몸통머리들이 다 섞여 있는 것을 모아다가 마귀의 부하들이 그 꺾인 팔다리와 몸뚱이들을 불구덩이에 가서 쏟아 붇는다. 그러면 팔과 다리 몸통들이 다시 자기 몸을 찾아 붙어서 선다.

그런데 이들의 수가 엄청 많아 팔다리가 자기 몸을 찾아 일어설 때 보면 꼭 군대가 일어서는 것 같다. 그리고 꺾였던 머리도 바로 붙게 된다. 그래서 다시 온전한 몸이 되어서 이제는 불구덩이 속에서 엄청난 고통을 당하다가 어느 새 각 여인에게 정하여진 절벽의 자기 자리에 가서 다시 달려 있게 된다. 그리고 거기서부터 다시 반복을 한다. 주여!

나는 다시 그 뒷날 주님께 유산한 자들의 지옥을 다시 보여 달라고 했다. 그런데 이번에는 정확히 더 자세히 보였다. 아니 더 실제적으로 보였다.

즉 여인들의 꺾인 목에서 선혈이 뚝뚝 떨어지고 있었고 마귀의 부하가 그 여자의 팔을 어깨부위에서 돌려서 빼는 것이 너무 실제적으로 느껴졌다.

그리고 그들은 중앙에 그 빼내어진 팔다리들이 던져져서 쌓이고 있었다.

[갈 6:7-9] (7)스스로 속이지 말라 하나님은 만홀히 여김을 받지 아니하시나니 사람이 무엇으로 심든지 그대로 거두리라 (8)자기의 육체를 위하여 심는 자는 육체로부터 썩어진 것을 거두고 성령을 위하여 심는 자는 성령으로부터 영생을 거두리라 (9)우리가 선을 행하되 낙심하지 말지니 피곤하지 아니하면 때가 이르매 거두리라

[벧후 2:9] 주께서 경건한 자는 시험에서 건지시고 불의한 자는 형벌 아래 두어 심판날까지 지키시며

주님은 남북이
통일되는 것을
다시 한 번 보여 주시다.

(2014. 2 .19)

천국에 올라가자마자 주님이 나무로 된 공 같은 것을 가지고 계신다. 크기는 약 10cm 직경이다. 그것을 나더러 받으라 하신다.

"주님! 이것이 무엇이지요?" 했는데 말씀이 없으시다.

그냥 눈으로 보기에는 꼭 목탁 같은 느낌이 들어 받기 싫었다.

그런데 나보고 꼭 받으라는 것이다. 그래서 받았는데 그것이 내 손에서는 지구 공으로 변하는 것이었다.

오 마이 갓! (Oh my God!)

그러고서는 주님은 나를 데리고 저 멀리 위에 있는 하얀 단층 건물의 회의실로 데리고 가시는 것이었다. 우리는 테이블에 앉았다. 그 테이블 위에 내가 그 지구 공을 놓으니 벌써 그것이 커져서 축구공만한 것이 되었다. 사람들은 그 지구 공을 쳐다보고 있었다.

나는 그 테이블에 제법 많은 사람들이 와있다는 것을 알 수 있었다.

그런데 나는 그 지구 공을 가지고 주님이 무엇을 하실까에 대해

서만 온통 관심이 가 있어서 누가 그 테이블에 와 있는지 별로 관심이 가지 않았고 별로 알고 싶지도 않았다.

내 관심은 오직 그 지구 공에만 있었다. 그 지구 공에는 중국의 큰 땅과 북한의 조그만 땅덩어리 그리고 우리 남한 땅 옆에 섬나라 일본 그리고 미국 땅이 보였다.

북한 땅은 새빨갛게 보였고 중국은 불그스름하게 보였고 우리나라 일본 미국은 초록색으로 보였다. 그러더니 우리가 지켜보고 있는 가운데서 갑자기 북한의 빨간색이 없어지고 북한이 초록색으로 변하는 것이었다. 즉 북한이 남한 일본 미국과 같은 색깔로 변하였던 것이다. 이것은 주님이 나에게 남북한이 통일되는 것을 보여주시는 것이었다.

그리고 나서 주님은 나에게 전할 메시지를 다 전하셨는지 주님은 그 지구 공을 확 밀었다. 그러더니 그것이 점점 테이블 위에서 주님으로부터 멀리 구르면서 그 사이즈가 커지다가 테이블에서 떨어졌는데 그것이 정말로 밑에 지구가 되는 것이었다.

이것은 너무나 신기한 장면이었다.

그리고 나는 다시 거기에 앉은 채로 주님께 베리칩에 대한 질문을 가졌다. 그랬더니 주님은 무언으로 말씀하신다.

그것은 적그리스도를 출현시키기 위한 내 작품이라고.....

모든 것이 주님이 성경에 있는 말씀대로 끌고 가시기 위하여 베리칩을 짐승의 표로 준비시키셨다는 것이다. 아멘.....

주님이 사도신경 고백을
왜 하지 말아야 하는지에
대하여 말씀하시다.

(2014. 2. 21)

천국에 올라갔다.

주님이 하얀 옷을 입으시고 나를 맞아 주신다.

그리고 나에게 아카시아 잎 같은 나뭇잎을 선사하여 주신다.

아름답다. 가만히 보면 그 잎은 보석이었다.

나는 주님과 길을 걸어서 황금 벼가 아주 많은 곳에 도착한 후 벤치에 주님과 함께 앉았다. 주님이 오늘 나를 너무 기뻐하시는 것이 특별하게 느껴졌다.

나도 주님과 함께 있는 것이 너무 좋다.

주님과 나는 너무 행복했다.

주님이 앉으신 채로 나를 들어서 공중으로 던졌다.

나는 공중에서 깃털처럼 빙글 하고 아래위로 한 바퀴 돌았다.

나는 이것에 너무나 기분이 좋았다.

내가 제자리에 앉으면 주님은 다시 나를 공중으로 던졌다.

또 한 바퀴 빙 돌고 내려왔다.

주님은 이것을 서너 번 되풀이 하셨다.

주님이 너무 기분이 좋아서 나를 이렇게 공중에 던지신 것이다. 하하하....(나의 웃음, 너무 좋아서...)

그리고 난 다음 나는 주님께 사도신경 고백에 대해 질문하였다.
"주님 사도신경고백을 해도 되는지요?"
주님은 말씀하신다. "아니, 하지 말아라." 하신다.
"그것은 내가 가르쳐 준 기도가 아니다. 그리고 성경 어디에도 그런 말이 없다." 라고 말씀하신다.

여기서 나는 잠깐 내 생각을 말해야겠다. 내가 천국에 올라갔을 때에 주님은 내가 어떤 질문을 할 것인지 이미 알고 계신다. 아니면 주님이 나로 하여금 어떤 질문할 거리를 생각나게 해주신다.
나는 이것이 어느 것이 먼저인지 아니면 어떤 때는 이렇고 어떤 때는 저렇겠지만 어쨌든 주님이 오늘 나에 대하여 이렇게 기분이 좋으신 것은 내가 사도신경에 대한 고백을 질문할 것을 알고 계셨기 때문이다.

그리고 주님은 우리가 사도신경 고백을 하지 말아야 할 이유를 세 가지로 가르쳐 주셨다.

사도신경 고백을 하지 말아야 될 이유 :
첫째,"전능하사 천지를 만드신 하나님아버지를 내가 믿사오며 그의 외아들 우리 주 예수그리스도를 믿사오니 이는 성령으로 잉태하사 동정녀 마리아에게서 나시고..."

예수님이 나에게 사도신경을 외우게 하시다가 여기서 멈추게 하셨다.

즉 동정녀 마리아에게서 멈추게 하신 것이다.

그리고 하시는 말씀이 이 사도신경을 외울 때에 "동정녀 마리아에게서 나시고" 이렇게 외울 때 마리아에 대한 우상숭배가 여기서 시작된다는 사실을 가르쳐 주신 것이다.

오 마이 갓! (Oh my God!)....그렇구나.

우리가 카톨릭이 아니더라도 우리가 동정녀 마리아를 이렇게 넣어서 외울 때 우리의 인식속에 마리아가 매우 특별한 존재로 인식된다는 것이다.

처음에 사도신경을 외울 때에 '하나님 아버지' '그의 외아들 우리 주 예수 그리스도' '성령으로 잉태하사' 그 다음 '동정녀 마리아'가 나오는데 그 동정녀 마리아가 삼위일체의 하나님과 거의 동격으로 카톨릭에서는 인식된다는 것이다.

둘째, 주님은 내가 "본디오 빌라도에게 고난을 받으사 십자가에 못 박혀 죽으시고...."

계속하여 외웠을 때에 여기서 또한 멈추게 하셨다.

여기에 또 문제가 있다는 것이다. 주님은 이 구절이 심히 복음을 정확히 이해하는 것을 훼손시키신다는 것이다.

왜냐하면 주님이 이 세상에 오셔서 십자가에서 우리를 위하여 죽으심은 빌라도 때문이 아니라 하나님의 뜻이었기 때문이라는 것이다.

즉 요3:16처럼…

하나님이 세상을 이처럼 사랑하사 독생자를 주셨으니 이는 저를 믿는 자마다 멸망치 않고 영생을 얻게 하려 하심이니라

세 번째로

주님은 또 왜 우리가 사도신경을 외우지 말아야 할 이유에 대하여 말씀하셨다.

"성령을 믿사오며 거룩한 공회와 성도가 교통하는 것과"

여기서 멈추게 하시며 또 여기에 문제가 있다 하신다.

우리 예수 믿는 성도들은 성령과 교통하는 것이지 공회와 교통하는 것이 아님을 말씀하시는 것이었다.

공회는 카톨릭 성전을 뜻한다.

즉 공회와 성도가 교통한다는 것은 특별한 신부에게 죄를 고백 성사 하는 의미가 들어 있는 것이 깨달아졌다.

오 마이 갓!! (Oh my God!!)

우리는 이제 예수님이 십자가에서 죽으신 이후로 우리는 모두가 다 하나님 앞에서 우리가 지은 죄를 직고하게 되어 있다. 신약에서는 우리 모두가 다 제사장인 것이다. 할렐루야.

[막 15:37-38] (37)예수께서 큰 소리를 지르시고 운명하시다
(38)이에 성소 휘장이 위로부터 아래까지 찢어져 둘이 되니라

[히 10:11-14] (11)제사장마다 매일 서서 섬기며 자주 같은 제사를 드리되 이 제사는 언제든지 죄를 없게 하지 못하거니와 (12)오직 그리스도

는 죄를 위하여 한 영원한 제사를 드리시고 하나님 우편에 앉으사 (13)
그 후에 자기 원수들로 자기 발등상이 되게 하실 때까지 기다리시나니
(14)저가 한 제물로 거룩하게 된 자들을 영원히 온전케 하셨느니라.

주님은 이 세 가지 이유로 사도신경 고백을 하지 않기를 원하셨다.
주님께 물어보기를 얼마나 잘했는지....
사단의 교묘한 속임수가 사도신경 안에 있음이 깨달아졌다.
오 주여! 깨우쳐 주심을 감사합니다.

마리아를 숭배하지 아니한
신부와 수녀, 그리고 천주교인들은
천국에 와 있다.

(2014. 2. 21)

주님께 사도신경 고백을 해야 하는지 말아야 하는지에 대한 질문을 아침에 했으면 저녁 기도 시간에 또 천국에 가게 되었다.

천국에 올라갈 때부터 나를 수종드는 천사들 즉 마차에 타자 마차를 운전하는 천사와 마차 바깥에 서서 내가 마차를 타고 천국으로 올라가는 것을 호위하는 천사가 오늘 둘 다 황금으로 된 나비형상의 가면안경을 썼다.

무슨 일인데 저 천사들이 저런 것을 쓰고 있을까 하는 생각이 들어왔다. 처음이었다.

나를 수호하는 천사가 나에게 무언으로 말을 한다.
"많은 사람들이 기다리고 있습니다." 하는 것이었다.
나는 속으로 누가 나를 기다리고 있다는 말인가?
그것도 많은 사람이….
아니나 다를까 천국에 올라가니 많은 흰 옷 입은 사람들이 있었는데 그중의 한사람이 자세히 보였다.

즉 이 사람은 흰 옷을 입고 있었는데 허리에 하얀 허리띠를 띠고 있는 키가 늘씬한 신부였다. 그리고 머리에는 추기경들이 쓰는 빵떡모양의 흰 모자를 쓰고 있었다.

그 한 사람이 튀어나오듯이 자세히 보였다.

그래서 나는 여기 있는 흰 옷 입은 무리들이 지상에서 신부였거나 수녀였다는 사실을 알 수 있었다. 또 천주교인들이었다는 사실을 알 수 있었다. 그리고 내 앞에 놓여 있는 길 앞에는 황금수레가 보였다. 나를 태우기 위한 수레였다. 나는 그 수레에 탔다.

흰 빵떡모자를 쓴 네 명의 흰 옷 입은 신부들이 나를 그 수레에 태우고서는 빨리 그 수레를 들고 달려가듯이 빠르게 갔다 (주님은 지금 내가 있는 곳에 안 보이셨다. 대개는 내가 천국에 올라가면 주님은 내 오른 편에 서서 맞아 주시는데 지금 주님은 보이지 않으셨다.)

그러고서는 우리는 어느 새 벌써 아주 큰 성전 안에 들어와 있었다. 천정이 아주 높은 성전 안이었다.

앞에는 예수님이 벗은 몸으로 십자가에 높이 달려 계신 상이 크게 달려 있었다.

그리고 그 밑에는 성전에 흰 옷 입은 많은 사람들이 있었다.

즉시 나는 그들이 이 땅위에 있을 때에 신부들과 수녀들이었음을 알 수 있었다.

주님이 흰 옷을 입으시고 도착하셨다.

그리고 그 십자가 앞에 서셔서 우리 쪽을 보고 서셨다.

그리고 조금 있으니 마리아가 도착했다.

주님은 앞쪽에 높은 곳에 서 계시고 예수님을 육체로 낳은 마리아가 와서 주님의 손에 키스한 후에 신부와 수녀들이 있는 같은 낮은 위치에 서서 주님을 위로 바라보고 있었다.

즉 천국에서 마리아의 위치는 바로 다른 사람들과 다를 바가 없었다. 한 분 하나님을 모시고 사는 다른 사람들과 똑같은 위치에 선 것이다.

즉 이 광경은 신부와 수녀 그리고 천주교인들도 마리아를 마음으로 숭상하지 않고 오직 예수 그리스도만을 섬긴 자들은 이렇게 천국으로 온다는 것을 오늘 주님이 내게 가르쳐 주신 것이다.

아니 그렇게 하셨다. 나는 천주교인들이나 신부나 수녀들이 혹이나 마리아를 우상 숭배하여 천국에 들어오지 못하는 것이 아닌가 했는데 오늘 주님은 이렇게 나에게 가르쳐 주신 것이다.

천주교인들 중에도 마리아를 전혀 우상숭배 하지 아니하고 우리와 다름없는 인간으로 두고 오직 예수그리스도만이 하나님이신 것을 믿는 자는 이렇게 천국에 온다는 사실을 오늘 주님이 내게 가르쳐 주신 것이다. 할렐루야.

오, 그렇구나……

천주교에서 마리아를 우상시 할 수 있는 많은 위험한 요소가 있음에도 불구하고 정말 하나님의 은혜로 제대로 복음을 깨달은 자는 즉 마리아는 숭배의 대상이 아니라 우리와 똑 같은 자였다는 사실을 안 자는 천국에 온다는 것이다. 할렐루야.

왜냐하면 육에서 난 것은 육이요 영에서 난 것은 영이기 때문이다.

[요 3:4-6] (4)니고데모가 가로되 사람이 늙으면 어떻게 날 수 있삽나이까 두 번째 모태에 들어갔다가 날 수 있삽나이까 (5)예수께서 대답하시되 진실로 진실로 네게 이르노니 사람이 물과 성령으로 나지 아니하면 하나님 나라에 들어갈 수 없느니라 (6)육으로 난 것은 육이요 성령으로 난 것은 영이니

주님이 마리아에게서 난 것은 육체였다.
그가 육체로 오시기 위하여 믿음 있는 마리아의 육체를 잠깐 빌렸을 뿐이었다.

[요이 1:7] 미혹하는 자가 많이 세상에 나왔나니 이는 예수 그리스도께서 육체로 임하심을 부인하는 자라 이것이 미혹하는 자요 적그리스도니

그리고 그 마리아의 육체는 우리가 가지고 있는 육체처럼 죽고 썩고 없어질 몸이었으므로 이제 마리아의 육체는 죽고 그 영체가 천국에 와 있는 것이다.
그러므로 마리아는 우상의 대상이 되면 안 되는 것이다.
천국에서는 예수님이 우리의 아버지 되듯이 마리아에게도 예수님은 역시 아버지인 것이다. 할렐루야...

[사 9:6] 이는 한 아기가 우리에게 났고 한 아들을 우리에게 주신 바

되었는데 그 어깨에는 정사를 메었고 그 이름은 기묘자라, 모사라, 전능하신 하나님이라, 영존하시는 아버지라, 평강의 왕이라 할 것임이라

할렐루야! 우리 모두에게 영의 아버지 되신 주님을 찬양합니다!

천국에서
인내 사랑을 외치고
있는 거북이들

(2014. 2. 21)

저녁에 기도할 때에 천국에 두 번째 올라갔다.

조금 전에 카톨릭 사람들도 구원받는 자가 있음을 주님이 내게 보여준 바로 그 다음 다시 나는 천국에 올라갔다. 이번에는 천국에 올라갈 때 수호천사들이 가면안경을 쓰지 않았다.

주님이 나를 오른 편에서 맞아주시고 자수정으로 된 거북이 한 마리가 와서 '인내. 사랑.'하고 외친다.

주님의 머리위로 크게 원을 그리며 무지개가 보였다.

무지개는 주님이 내게 주신 약속은 반드시 이루어진다는 것이다.

그리고 약 몇 백 마리의 거북이들이 줄을 지어 저 멀리 있는 성을 향하여 올라가고 있었다. 느릿느릿 걸으면서, 모두가 다 '인내. 사랑.'을 외치면서....

주님이 내 어깨를 두르시고 나는 주님과 같이 그들의 뒤를 따라 걸어갔다.

주님이 내게 주시는 메시지는 이 땅위에서 하나님이 맺어 주신 인간관계속에서 인내하고 사랑하라는 메시지였다.

[요 13:35] 너희가 서로 사랑하면 이로써 모든 사람이 너희가 내 제
자인 줄 알리라

[요 13:34] 새 계명을 너희에게 주노니 서로 사랑하라 내가 너희를
사랑한 것같이 너희도 서로 사랑하라

휴거 장면을
보다

(2014. 2. 24)

[고전 15:51-53] (51)보라 내가 너희에게 비밀을 말하노니 우리가 다 잠잘 것이 아니요 마지막 나팔에 순식간에 홀연히 다 변화하리니 (52) 나팔 소리가 나매 죽은 자들이 썩지 아니할 것으로 다시 살고 우리도 변화하리라 (53)이 썩을 것이 불가불 썩지 아니할 것을 입겠고 이 죽을 것이 죽지 아니함을 입으리로다

천국에 올라갔다.

그런데 내가 올라가자마자 주님 앞에 바짝 엎드려 있다.

그리고 나서 주님은 위로 수직으로 계속 높이 올라가시는데 나는 이것을 비상한다고 말하고 싶다.

그리고 주님이 절벽위에 계시다는 것이 알아졌다.

그리고 나도 똑같이 비상하여 주님께로 올라갔다.

우리 앞에는 폭포수가 있었다. 거기서 물이 떨어지고 있었다.

아니 웬 공중에 폭포인가 하는 생각이 들었다. 주님은 절벽위에 계시고 바로 건너편 앞쪽에는 폭포수가 떨어지고 있는 것이었다.

절벽과 폭포수가 참으로 잘 어울려 보였다.

주님께서 그 폭포수 물로 내 얼굴을 씻기셨다.

그리고 우리는 조금 아래로 날아갔다. 이때는 구름을 타고 나는 것이 아니다.

그런데 갑자기 큰 넓고 넓은 구름위에 주님이 너무나 빛이 나면서 서 계시고 그 뒤쪽으로 수많은 흰 옷 입은 자들이 구름위에 서 있는 것이 보였다.

그리고 나도 주님 근처에 서 있었다.

그리고 저 아래는 지구가 보였다.

오 마이 갓! (Oh my God!) 휴거장면이다! 하는 생각이 들어왔다. 구름위에 여기저기에 하얀 날개 달린 천사들도 보였다.

그리고 지상에서 하얀 옷을 입은 자들이 공중으로 끌려 올라 온다. 하나씩..... 여기서 저기서...

주님은 그들이 구름 위에 도착할 때에

"내 딸아!" "내 아들아!" 하시면서 반겨 맞아 주신다.

나는 내 안에서 왜 '내 신부야!' 하시지 않을까 하는 질문이 생겼는데 그때 나는 즉시 알아졌다. 나도 천국에 가면 주님이 '내 딸아!' 할 때도 있고 또 어떤 때는 '내 신부야!' 할 때도 있다. 그런데 '내 딸아!' 하고 부르는 때가 더 많다.

천사들이 긴 황금 나팔을 분다.

나는 이 광경이 너무 거룩하고 웅장하며 영광스러워 보였다.

"주님 휴거네요!" 하니 "그렇단다."

나는 또 물었다. "주님 휴거는 언제 일어나나요?"

"곧이란다. 준비해라!" 라고 나지막이 말씀하신다.

주님은 휴거가 곧 일어나니 내게 준비하라고 말씀하시는 것이다.

그러나 나에게 알아지는 것이 이 휴거는 민족이 민족을 나라가 나라를 대적하는 전쟁이 먼저 일어난 후에 일어난다는 것이었다.

할렐루야!

[살전 4:16-17] (16)주께서 호령과 천사장의 소리와 하나님의 나팔로 친히 하늘로 좇아 강림하시리니 그리스도 안에서 죽은 자들이 먼저 일어나고 (17)그 후에 우리 살아 남은 자도 저희와 함께 구름 속으로 끌어올려 공중에서 주를 영접하게 하시리니 그리하여 우리가 항상 주와 함께 있으리라

내가 천국과 지옥 간증책을
내는 것을 주님과
믿음의 선진들이 매우 기뻐하다.

(2014. 2. 25)

천국에 올라갔다.

그런데 천국에 올라가기 전부터 나를 데리러 온 수호천사들에게 무지개 빛이 오라(Aura)처럼 그들을 감고 있었다.

이것은 또 무슨 현상인가?

하여간 무지개를 보면 나는 기분이 좋다.

그리고 천국에 올라갔다. 아니나 다를까 주님 주위에도 무지개 빛이 오라처럼 걸려 있었다. 올라가자마자 나는 내가 파티장에 와 있다는 사실을 알게 되었는데 천사가 도마를 가져오더니 거기서 바로 큰 생선을 바로 요리하여 주님과 나를 먹였다.

작은 둥근 테이블에 주님과 내가 앉았다. 다른 곳에도 많은 테이블이 보였다.

천국에서도 먹을 때는 기분이 너무 좋다. 지상에서도 먹을 때는 기분이 좋은 것처럼....

나는 웃고 또 웃었다. 그렇게 기분이 좋아하며 먹고 있는데 마리아와 베드로가 막 도착하여 주님과 나 사이에 옆으로 앉았다.

그리고 안드레도 수줍어하며 끼어들었다.

우리는 모두 잔을 가지고 있었다.

붉은 주스 같은 것이 담겨있는 잔을 들고 우리는 축배를 하고 있었다. 그런데 무엇을 위한 축배인지는 아직 잘 모르겠다.

또 조금 있으니 사도 바울이 도착하여 같이 앉고 테이블이 순식간에 좀 커졌다. 그리고 다윗이 왔고 에스더가 왔다. 주님께 향유 옥합을 깨뜨린 마리아도 왔다. 그리고 사도요한이 왔다.

또 아브라함과 이삭도 왔다. 사람이 많아지니 우리는 더 큰 테이블로 옮겼다.

그리고 모두가 다 즐거워하였고 나는 계속 웃고 있었다.

지상의 내 몸이 소리 내어 계속 웃고 있었다.

어찌 이런 현상이 일어나나? 나는 지금 천국에서 웃고 있는데 지상의 내 몸도 웃고 있는 것이었다.

그제야 이 모임이 어떤 모임인지 알게 되었다.

이런 경우는 내가 무슨 일인지 모르지만 주님이 먼저 큰 기쁨을 나에게 주신다고 볼 수 있다.

모인 이들은 다 내가 천국에서 만나 본 믿음의 선진들이다.

나는 그들과 대화한 내용을 지상에서 책으로 펴내려 했다.

그들은 각각 한마디씩 했다.

자기들과 내가 대화한 내용 중 어느 것을 특별히 넣어 달라고...

그런데 내 계획은 내가 그들과 대화한 내용들은 거의 다 넣는 것이었다.

그들은 내가 그들과 천국에서 만난 이야기를 책으로 내겠다고 결심한 것을 너무 기뻐하여 지금 이 파티가 벌어지고 있다는 사실을 그제야 나는 알게 되었다.

마리아가 먼저 한마디 했다.

"사람들이 나를 숭배하지 않도록 책에 좀 강하게 넣어 달라."는 부탁을 했다.

그리고 바울은 나와 나눈 대화중 그가 복음을 위하여 죽도록 매맞고 한 것에 대하여, 내가 그에게 그러면 나도 그렇게 살면 되냐고 물었을 때에 자신이 나에게 와서 그가 나를 살짝 안아준 내용을 넣으라 했다.

사실 바울을 여러 번 만났으므로 무엇을 넣어야 할지 고민하고 있던 터였다.

그리고 다윗이 말했다. 그의 집에 갔을 때에 많은 사람들이 있는 것을 내가 무척 궁금하여 하였는데 그것은 내가 생각했던 대로 그가 사울에게서 도망 다닐 때에 억울한 자들이 모여서 같이 십 수 년을 사울로부터 도망을 다녔었는데 바로 그들이라는 것을 말하라는 것이다. 아! 그렇구나. 십 수 년 동안 그들은 다윗을 따라다니면서 다윗이 만난 하나님을 만난 것이다. 또한 그 순간 나는 다윗이 그들에게 하나님을 전한 것이 알아졌다. 그래서 천국가면 늘 그들이 다윗의 집에 있다는 것을 알게 되었다.

우리는 모두가 너무 즐거워했다.

그리고 나는 갑자기 울기 시작했다.

나는 머리를 테이블에 박고 "주님 그런데 저는 이들에 비하여 아무 것도 한 것이 없어요." 하고 울기 시작하였다.

지금까지 좋아서 그렇게 웃다가 지상의 몸이 흔들리고 지상의 몸이 웃기까지 하다가 나는 또 울기 시작한 것이다. 그런 모습을 보고 모두가 웃는다.

주님이 나에게 말씀하신다.

"먼저 천국과 지옥에 대한 간증책을 내어라. 그리하면 그 다음 내가 네가 무엇을 할 것인가를 알려줄 것이다." 할렐루야.

아멘! 하나님 나의 주시여. 꼭 그렇게 하겠습니다.

내가 천국에 올라갈 때부터 천사들에게 무지개가 보인 것하며

또한 올라가자마자 나를 위한 파티가 벌어진 것 하며

이 모두가 주님은 내가 천국과 지옥을 간증하는 것을 매우 기뻐하신다는 것을 알 수 있게 하여 주셨다. 주님 하겠습니다. 하고말고요 주님이 기뻐하신다면 말입니다.

할렐루야.

[빌 1:18] 그러면 무엇이뇨 외모로 하나 참으로 하나 무슨 방도로 하든지 전파되는 것은 그리스도니 이로써 내가 기뻐하고 또한 기뻐하리라

사도바울의 집에 있는
황금으로 된 방을 방문하다.

(2014. 2. 27)

천국으로 올라갔다. 주님이 하얀 옷을 입고 계신다.

그리고 나를 맞아주는 하얀 옷을 입은 자들이 많다.

길 위 저편에 사람 둘이 앉을 수 있는 뚜껑이 없는 수레가 놓여 있다. 그 수레는 황금으로 되어 있는 것이다.

주님과 내가 그 의자에 앉았다. 그러자마자 흰 옷 입은 자들이 그 수레를 들고 빠르게 달려간다.

그리고 그 다음에는 이것이 분명 흰 옷 입은 사람들이 들고 달렸는데 이제는 이 수레가 어느 새 하늘에서 사슴들이 이끄는 썰매처럼 연결되었다. 그리고 그 사슴들은 하늘에 꼭 보이지 않는 길이 있는 것처럼 하늘을 쏜살같이 달렸다.

그리고 보니 우리는 꼭 사도 바울의 집과 같이 생긴 곳으로 가고 있었다. 이전에 본 사도바울의 집과 같다. 그리고 그곳은 사도바울의 집이었다.

사도바울이 우리를 이전에 본적이 있는 벽 사방이 황금으로 되어 있는 방안으로 주님과 나를 인도하는 것이었다. 그 방은 천정도

바닥도 벽도 테이블도 다 황금이었다.

오늘 나는 알았다. 이전에는 몇 번이나 이 황금으로 된 방에서 사도바울을 만난 적이 있는데 그 황금으로 된 방이 사도바울의 집 안에 있는 것인 줄을 오늘에야 알게 된 것이다. 그리고 그 방 한가운데는 황금테이블이 놓여 있는데 주님과 나 그리고 사도바울이 앉았다. 그리고 그 테이블 위에는 세계지도가 놓여 있었다.

아니 이 방에 올 때마다 그 테이블 위에는 세계지도가 거의 놓여 있다. 즉 이 방은 사도바울의 집안에 있는 방으로써 바울과 함께 선교에 대한 이야기나 작전과 계획을 세울 때에 사용되는 방인 것 같다.

주님은 나더러 천국과 지옥의 간증을 성경을 인용하여 선포하기를 원하셨다. 그래서 나는 그 자리에서 주님께 요구하였다. 주님 그러면 저에게 말씀을 전하는 은사를 주세요! 라고 말이다.

주님은 나에게 또 알게 하시기를 내가 천국과 지옥간증을 하면서 성경을 선포할 때에 그곳에 있는 귀신들이 다 떠나갈 것을 말씀하신다. 그리고 절름발이가 정상으로 돌아올 것을 말씀하신다.

그리고 중풍병자가 바른 걸음을 걷게 될 것이라 말씀하신다.

암병도 떠나갈 것이라 말씀하신다.

허리병도 낫게 될 것이고 눈먼 자가 눈을 뜰 것이라 말씀하신다.

할렐루야. 그리고 주님과 바울이 나의 손을 잡고 기도하여 주셨다.

[고후 3:17] 주는 영이시니 주의 영이 계신 곳에는 자유함이 있느니라

52

주님은 한국 전쟁이
일어나야 하는 또 하나의
이유를 말씀하시다.

(2014. 2. 28)

주님이 나를 데리고 구름을 타고 빠르게 나신다.

비스듬히 아래로 내려오니 서울이 보인다.

높은 빌딩들이 수없이 많다.

저 위로는 북한과 평양이 보인다.

나는 말없는 말로 주님께 이렇게 말하고 있었다.

주님! 주님이 사랑하셔서 만드신 인간들이 저러한 큰 문화를 이루고 살고 있어요....

그러나 주님은 이렇게 말씀하셨다. 그러나 그 삶은 잠시라고 말씀하셨다.

주님은 한참 말이 없으시다가 갑자기 이렇게 말씀하신다.

"저들이 나를 조롱하였다."고 말이다. 북한을 두고 말씀하시는 것이다.

나는 물었다. 주님 그러면 남한은요?

주님이 알게 하신다.

"그들에게는 주인이 바뀌어져 있다."

교회의 주인이 하나님이 아니라 사람들이라는 것이다.

그리고 주님의 목소리보다 인간들의 목소리가 더 크다고 말씀하시는 것이다.

이 때에 나는 라오디게아 교회가 생각났다.

[계 3:14-22] (14)라오디게아 교회의 사자에게 편지하기를 아멘이시요 충성되고 참된 증인이시요 하나님의 창조의 근본이신 이가 가라사대 (15)내가 네 행위를 아노니 네가 차지도 아니하고 더웁지도 아니하도다 네가 차든지 더웁든지 하기를 원하노라 (16)네가 이같이 미지근하여 더웁지도 아니하고 차지도 아니하니 내 입에서 너를 토하여 내치리라 (17)네가 말하기를 나는 부자라 부요하여 부족한 것이 없다 하나 네 곤고한 것과 가련한 것과 가난한 것과 눈 먼 것과 벌거벗은 것을 알지 못하도다 (18)내가 너를 권하노니 내게서 불로 연단한 금을 사서 부요하게 하고 흰 옷을 사서 입어 벌거벗은 수치를 보이지 않게 하고 안약을 사서 눈에 발라 보게 하라 (19)무릇 내가 사랑하는 자를 책망하여 징계하노니 그러므로 네가 열심을 내라 회개하라 (20)볼지어다 내가 문밖에 서서 두드리노니 누구든지 내 음성을 듣고 문을 열면 내가 그에게로 들어가 그로 더불어 먹고 그는 나로 더불어 먹으리라 (21)이기는 그에게는 내가 내 보좌에 함께 앉게 하여주기를 내가 이기고 아버지 보좌에 함께 앉은 것과 같이 하리라 (22)귀 있는 자는 성령이 교회들에게 하시는 말씀을 들을지어다

주님은 사랑하는 자를 내가 징계하노니 회개하라고 말씀하신다.

남한보고 회개하라는 것이다. 남한은 라오디게아 교회 형태를

띠고 있다는 것이다.

그러므로 이번에 전쟁이 나는 것이 북한에서는 주님께 대한 모욕과 조롱을 끝내는 것이 될 것이고 남한에서는 주인이 바뀌어 있는 삶을 회개하지 않아 징계로 오는 것임을 알게 하여 주신 것이다. 할렐루야.

또한 주님은 이러한 징계 이후에 남한의 교회들이 깨달아서 다시 하나님께로 돌아오는 역사를 일으키시겠다는 것이다.

할렐루야.

[히 12:11] 무릇 징계가 당시에는 즐거워 보이지 않고 슬퍼 보이나 후에 그로 말미암아 연달한 자에게는 의의 평강한 열매를 맺나니

즉 하나님께서는 히브리서에서 말씀한 것처럼 징계가 처음에는 힘이 드나 그러나 그 후에는 의의 평강한 열매를 맺을 것이라 말씀하신다.

주님, 알겠습니다. 왜 하나님이 전쟁을 일으키셔야 함을....

또 다시 나에게 다른 하나의 이유를 설명하여 주신 것이다.

할렐루야.

주님이 이전에는 왜 전쟁이 일어나야만 하느냐에 대하여

1. 북한의 2천 5백만 동포 구원 위해

2. 또 성경대로 일어나야 하므로 (마24:7절 민족이 민족을 대적하여 나라가 나라를 대적하여 일어날 것이라는 말씀)

오늘은 또 다른 이유를 설명하여 주신 것이다.

3. 한쪽은 나를 조롱하고 있으므로 다른 한쪽은 주인이 바뀌어서 그것을 되돌리려고 전쟁을 일으키신다는 것이다.

주님은 얼마나 정확하신지 모르겠다.

하나의 이유만이 아닌 것이다.

하나님이 하시는 일이 그런 것이다. 할렐루야.

주여 이루어 주시옵소서....

53

주님이
적그리스도에 대하여
말씀하시다.

(2014. 2. 28)

천국에 올라갔다. 벌써 다니엘의 집이 보이기 시작한다.

그의 정원은 너무 넓고 구불구불하게 생겼다.

주님과 다니엘 그리고 나는 다니엘의 집의 테이블에 앉았다.

다니엘은 흰 바지저고리를 입고 있었다.

주님은 테이블위에 성경책을 펴놓고 계신다.

다니엘서 쪽이다.

[단 9:27] 그가 장차 많은 사람으로 더불어 한 이레 동안의 언약을 굳게 정하겠고 그가 그 이레의 절반에 제사와 예물을 금지할 것이며 또 잔포하여 미운 물건이 날개를 의지하여 설 것이며 또 이미 정한 종말까지 진노가 황폐케 하는 자에게 쏟아지리라 하였느니라

주님이 성경의 이곳을 보고 계신다.

그러자 다니엘 옆에 염소 한 마리가 나타났다.

이 염소는 적그리스도를 의미하였다.

어린 양은 예수그리스도를 의미하지만 이 어린 염소는 적그리스도를 의미하는 것이었다.

그리고 주님이 나보고 무언으로 이렇게 말씀하시는 것이었다.

7년 언약을 맺는 자가 누구인지 잘 보라. 그가 적그리스도라는 것이다.

그리고 이 모든 것을 나에게 말씀하시는 주님과 그리고 오늘 다니엘을 만나게 하여 주신 것은 정말 이 세상의 모든 것이 성경대로 일어나고 있음을 다시 한 번 나에게 확인시켜 주시는 것이었다. 할렐루야.

하늘의 군대를
보다.

(2014. 2. 28)

천국에 올라갔다.

주님이 금색의 옷을 입고 계신다.

그리고 여전히 나를 반갑게 맞아주신다.

그런데 올라가자마자 내 눈에 엄청난 군대가 보이는 것이었다.

꼭 우리 육군 장병들이 입는 국방색 군복으로 무장한 수많은 군대가 보이는 것이었다.

그 숫자는 정말 끝이 안보일 정도로 많았다.

이 군대들이 바로 우리가 하나님께 기도할 때에 어디 어디에 혹은 누구누구에게 천사들을 몇 명을 붙여 주시옵소서! 라고 기도할 때에 이 군대들이 간다는 것이다.

할렐루야.

또한 우리가 하나님의 이름으로 나아갈 때에 이들이 함께 한다는 것이다.

그러므로 이전에 다윗이 골리앗과 대적하러 나갈 때에 바로 이 군대가 다윗과 함께 하였다는 것이다. 사람들의 눈에는 안보였다

할지라도.......

[삼상 17:42-51] (42)그 블레셋 사람이 둘러보다가 다윗을 보고 업신여기니 이는 그가 젊고 붉고 용모가 아름다움이라 (43)블레셋 사람이 다윗에게 이르되 네가 나를 개로 여기고 막대기를 가지고 내게 나아왔느냐 하고 그 신들의 이름으로 다윗을 저주하고 (44)또 이르되 내게로 오라 내가 네 고기를 공중의 새들과 들짐승들에게 주리라 (45)다윗이 블레셋 사람에게 이르되 너는 칼과 창과 단창으로 내게 오거니와 나는 만군의 여호와의 이름 곧 네가 모욕하는 이스라엘 군대의 하나님의 이름으로 네게 가노라 (46)오늘 여호와께서 너를 내 손에 붙이시리니 내가 너를 쳐서 네 머리를 베고 블레셋 군대의 시체로 오늘날 공중의 새와 땅의 들짐승에게 주어 온 땅으로 이스라엘에 하나님이 계신 줄 알게 하겠고 (47)또 여호와의 구원하심이 칼과 창에 있지 아니함을 이 무리로 알게 하리라 전쟁은 여호와께 속한 것인즉 그가 너희를 우리 손에 붙이시리라 (48)블레셋 사람이 일어나 다윗에게로 마주 가까이 올 때에 다윗이 블레셋 사람에게로 마주 그 항오를 향하여 빨리 달리며 (49)손을 주머니에 넣어 돌을 취하여 물매로 던져 블레셋 사람의 이마를 치매 돌이 그 이마에 박히니 땅에 엎드러지니라 (50)다윗이 이같이 물매와 돌로 블레셋 사람을 이기고 그를 쳐 죽였으나 자기 손에는 칼이 없었더라 (51)다윗이 달려가서 블레셋 사람을 밟고 그의 칼을 그 집에서 빼어내어 그 칼로 그를 죽이고 그 머리를 베니 블레셋 사람들이 자기 용사의 죽음을 보고 도망하는지라

할렐루야.

또 아람군대가 엘리사를 잡으려고 엘리사의 집을 포위하였을 때에 그 군대들을 불 병거와 불 말로 포위했던 자들도 바로 이 군대들이라는 것이다.

하나님의 군대… 이들은 미가엘을 군사장으로 하고 있는 하늘의 천사들인 것이다.

[왕하 6:15-17] (15)하나님의 사람의 수종드는 자가 일찌기 일어나서 나가보니 군사와 말과 병거가 성을 에워쌌는지라 그 사환이 엘리사에게 고하되 아아, 내 주여 우리가 어찌하리이까 (16)대답하되 두려워하지 말라 우리와 함께 한 자가 저와 함께 한 자보다 많으니라 하고 (17)기도하여 가로되 여호와여 원컨대 저의 눈을 열어서 보게 하옵소서 하니 여호와께서 그 사환의 눈을 여시매 저가 보니 불말과 불병거가 산에 가득하여 엘리사를 둘렀더라

혹 왜 하늘의 군사들이 육군 장병처럼 옷을 입고 있는가 하는 의문이 생길 수 있다.

이는 주님이 나를 위하여 이해하기 쉽게 하기 위하여 나에게 그렇게 보여 주신 것이라 말할 수 있다.

Part Ⅲ

천국과 지옥
간증

(2014. 3. 3 ~ 4. 2)

한국전쟁으로 인한
서울의 초토화를
보여주시다.

(2014. 3. 3)

천국에 올라갔다.

주님이 흰 옷을 입고 나를 맞이하여 주셨다.

그런데 올라가자마자 내가 서 있는 자리에서 내 눈앞에 큰 보라색 구덩이가 보인다. 그 안을 들여다보니 폐허가 된 도시가 보였다. 빌딩 하나도 없이 다 무너져 내렸고 여기저기 파편만 쌓여 있었다. 전쟁으로 인하여 다 부서진 것이다.

그 도시는 서울이었다. 그리고 부서진 파편 속에서 공중으로 미사일이 쏘아 올려졌다.

그리고 저 적군 쪽에서도 동시에 미사일이 올라왔다.

그리고 두 미사일이 부딪혔다.

한국 전체가 이쪽저쪽이 잿더미처럼 보였다.

내 눈에는 구슬 같은 눈물방울이 맺혔다.

그리고서는 주님과 나는 회의실로 벌써 올라갔다.

거기에 주님 오른쪽에 마리아와 바울이 차례로 앉았고 왼편에는 나와 베드로가 차례로 앉았다. 안드레도 왔다.

테이블 위에는 한국지도가 놓여 있었다.

그 지도가 노란색도 아니고 황금색도 아니고 베이지색도 아닌 하여간 노란색과 베이지색 중간색으로 한국지도 전체가 그려져 있다. 그런데 그 한국지도가 테이블 위에서 한참을 아래위로 진동을 했다.

즉 전쟁이 일어나고 있는 것을 진동으로 지금 나에게 보이고 있는 것이었다. 나는 어찌할 바를 몰랐다.

나는 차라리 그 자리에 없었으면 했다.

왜냐하면 그것을 보고 있는 것이 너무 괴로웠기 때문이다.

이것이 내가 한국전쟁에 대하여 본 마지막 계시였다.

그 후로는 주님이 한 동안 전쟁에 대하여 계시하여 주시지 않았다.

주님은 2013년 12월 14일부터 내게 거의 두 달 반 동안 전쟁에 대한 계시를 보여 주신 것이다.

구름을 타고
멀리멀리
내 아버지가
사시는 곳에 가보다.

(2014. 3. 4)

　천국에 올라가니 주님이 나를 신부로 맞아주신다.

　이런 경우는 주님이 나를 보자마자 '나의 신부야!' 라고 부르시는 것이다.

　주님과 나는 주님의 보좌로 갔다.

　나는 주님께 죄지은 것을 보좌 앞에서 엎드려 회개하였다.

　적당히가 아니라 온전히 회개하였다. 그리하였더니 오른쪽에 있는 천사들이 옆에서 금나팔을 분다. 내가 주님 앞에서 죄용서함을 받았다는 것이다.

　할렐루야.

　그리고 나서 주님과 나는 구름을 타고 멀리멀리 날아갔다.

　아주 멀리멀리.......

　그리고 우리가 간 곳은 나의 육신의 아버지가 있는 곳이었다.

　거기에는 멀리서 보이는데 무농장이 끝없이 보였고 거기에 아버지가 젊었을 때의 모습으로 흰 옷을 아래위로 입고서는 흰 무우를 입에 물고 계신 것이 보였다. 즉 입으로 베어서 먹으시는 모습이 내 눈에 딱 찍히듯이 들어왔다.

아버지는 무우를 밭에서 뽑아서 먹고 계셨다. 아니 천국에서도 농사를 하다니.....

참으로 이해하기가 쉽지가 않았다. 나는 들어본 적이 없기 때문이다. 그런데 나중에 천국과 지옥을 갔다 온 사람들의 책에서 천국에서도 농사를 짓는다는 이야기를 듣고 좀 안심이 되었다. 내가 본 것이 잘못 본 것이 아니라는 사실을......

그리고 포도도 거기서 농사하여 드시는 것을 알 수 있었다. 포도밭도 있었다.

나는 주님과 같이 구름을 타고 멀리멀리 왔는데 이곳이다.

도대체 여기는 어딘데 왜 이렇게 삭막한 느낌이 들까? 여기는 우리 아버지가 계신 곳이다. 여기에는 우리 아버지 외에도 많은 사람들이 여기에 있었다.

그리고 여기에 있는 사람들은 큰 사무실 같은 집에서 단체 생활을 하고 있는 것을 알았다. 즉 개개인의 집이 없는 것이다.

이전에 아버지가 내 집을 방문하고서는 '네 집이 참 좋구나!' 하신 것이 생각이 났다. 나는 오늘 주님이 여기로 처음 나를 데리고 왔는데 이곳이 그렇게 확실히 잘 보이지는 않는다. 꼭 내가 봐야할 것들만 보이는 것 같다. 그렇다. 천국이 그렇다. 다 보이는 것이 아니라 주님이 내게 보여주시고자 하는 것들만 시야에 들어온다.

다음에 다시 와야겠다. 이런 곳에 와 보기는 처음이다. 내 육신의 아버지가 여기에 개인의 집이 없는 이곳에 살고 계신다.

참고로 내 아버지는 두 발로 걸어 다니며 건강히 살아 계셨을 때에는 예수님을 믿지 않았다. 그러나 담배를 많이 피셔서 폐암 말기에 암이 발견되어서 침상에 3년간 누워 계시다가 돌아가셨다. 그런데 거의 마지막 죽으시기 약 몇 개월 전 쯤 내 작은 여동생이 아버지에게 복음을 전했다. 예수를 믿어야 한다고 그래야 죄사함 받고 천국을 간다고 그분이 우리를 위해서 십자가에 돌아가 주셨다고........

그랬더니 그 때에 아버지의 의식이 오락가락 했다는데 나는 그 자리에 없었다. 아버지는 '오냐' 라고 하셨다는 것이다. 그것이 다였다. 나는 그것도 모르고 내가 예수 믿고 나서 꼭 아버지가 지옥에 가셨을 것 같아서 많이 울었다. 그런데 내 아버지가 천국에 계신 것이다. 비록 집은 없지만....... 할렐루야. 주님을 찬양합니다.

천국에서도
우리를 스크린을
통하여 다 보고 있다

(2014. 3. 6)

천국에 올라가자마자 우물이 보인다.

나는 거기서 물을 길어 먹었다. 이 물은 생명수 물이었다. 그 우물가 주위에는 흰 두 날개 달린 천사들이 여러 명이 있어서 그 우물을 관리하고 있었다.

나는 거기서 생명수를 길어 먹고 구름을 타고 주님과 함께 날았다. 구름을 타고 가는데 비스듬히 약간 아래로 내려오는 느낌을 받았다.

내 눈에는 어느 새 눈물이 주르르 흐르고 있었다. 왜냐하면 주님과 같이 이렇게 단 둘이 구름을 타고 나는 자체가 너무 감사하고 좋아서였다. 영은 참으로 예민하다. 아니 감정이 참으로 풍부하다라고 할 수 있다. 그래서 조금 기뻐도 슬퍼도 눈물이 난다. 나는 영적으로 주님이 너무 보고 싶었던 것이다. 그래서 너무 좋아서 울고 있는 것이다.

주님은 그런 나에게 '나는 다 알고 있단다.'라고 말씀하시는 것을 마음으로 알 수 있었다.

우리는 마음으로 다 통한다. 말 안 해도…

구름을 타고 날았는데 갑자기 우리 밑으로 황금으로 된 큰 둥근 지붕이 보인다. 그 곳에 내려서 입구로 들어가니 앞에 큰 영화관에서 볼 수 있는 스크린이 안에 무대위에 있었다. 그곳은 지상에서 보는 큰 영화 극장처럼 생겼다.

그리고 그 안에는 많은 흰 옷 입은 자들이 관람석에 앉아 있었다.

스크린에 한국지도가 잠깐 비쳤다. 아니 나는 또 '여기서도 전쟁 이야기인가?' 하는 질문이 일어났다. 그러나 곧 관중석에 앉은 자들이 마음속으로 내가 지구에 있는 누구를 보고 싶다고 생각만 해도 차례로 그 스크린에 그 사람들이 나타나는 것이다.

즉 여기와 있는 많은 사람들이 자신의 자식들이 지구에서 어떤 생활을 하고 있는지 궁금하면 여기 와서 보는 것을 알 수 있었다. 할렐루야.

와우! 천국에도 이렇게 영화극장 같은 곳이 있어서 천국에 와 있는 사람들이 지구에 있는 누구를 보고 싶다하면 여기 와서 본다는 것을 알 수 있다. 오 마이 갓!

내려와서 내 생각을 한번 적어 보았다.

천국은 도대체 얼마나 넓은 곳일까?

천국과 지옥을 갔다 온 많은 다른 사람들의 이야기를 들어보면 천국은 너무나 넓은 곳이며 또한 거기에는 이 세상에서 볼 수 있는 모든 것이 다 있다 하였는데 정말 그런 것 같다. 나는 오늘 생명수로 되어 있는 우물도 보고, 또한 지구의 사람들을 볼 수 있는 스크린이 있는 극장 같은 곳도 가 보았다.

사람들은 천국에서 각자 생활하다가 지상에 있는 자식들이나 다른 사람들이 궁금하면 여기 와서 보는 것이다.

주님이 오늘 그리고 그저께도 그렇고 나에게 새로운 곳들을 보여주셨다.

그저께는 내 아버지가 사시는 곳을 보여 주셨는데 오늘은 천국에 큰 스크린이 있는 극장 같은 곳을 보여주신 것이다. 할렐루야.

[히 4:13] 지으신 것이 하나라도 그 앞에 나타나지 않음이 없고 오직 만물이 우리를 상관하시는 자의 눈앞에 벌거벗은 것같이 드러나느니라

천국의
스크린 이야기 계속

(2014. 3. 7)

    천국으로 올라갔다. 천국으로 나를 데리고 올라가는 수호천사들이 오늘따라 유난히 빛이 나는 흰 옷을 입고 있었다.

    주님과 나는 구름을 탔는데 그 구름위에 크고 아름다운 공작새가 우리 앞에서 날개를 활짝 펴고 아름답게 우리 앞에 서서 우리를 환영하는 주는 것이었다.

    얼마나 그 자태와 색깔이 아름다운지…… 한참 구경하였다. 그러다가 공작새는 날아가 버렸다.

    주님과 나는 공작새의 환영을 받고난 후에 내 육신의 아버지가 사는 곳으로 다시 간 것이다. 즉 엊그제 갔다 왔었는데 오늘 또 간 것이다.

    거기 있는 많은 사람들이 주님과 나를 반갑게 맞아 주었다.

    내가 주님께 말했다. 여기 있는 모든 사람들을 다 데리고 그 영화 스크린 극장에 가자고 했다. 주님이 허락하셔서 거기 있던 모든 사람들이 내 아버지도 함께 그 영화스크린이 있는 극장으로 갔다. 그 극장 안에는 마침 좌석이 비워져 있었고 내 육신의 아버지와 그리고 같이 갔던 사람들이 그곳에 앉았다.

그저께 본 극장 스크린이 앞에 보인다. 관람석에 앉아 있는 어떤 사람의 아들의 타락된 이중생활이 적나라하게 천국에서 비추어지기 시작했다. 자신의 부인을 두고 다른 여인과 바람을 피우는 장면이 보였고 그리고 집에 가서는 아내를 속였다. 이를 천국에서 보고 있는 아버지의 마음은 참으로 안타깝고 무겁다. 그 아버지가 말한다. "저 아이가 언제 정신을 차릴지....." 지상에서의 육체적인 쾌락이 결국은 아무 것도 아니라는 사실을 천국에 이미 와 있는 아버지는 알지만 지상에 있는 그의 아들은 아직 모르고 제 멋대로 살고 있는 것이다.

그 다음은 다른 집안의 아들이 보이는데 이 아들은 얼마나 신앙생활을 잘하는지......

아버지가 천국에서 이 아들을 보는 아버지의 마음이 참으로 든든하고 자랑스럽고 안심이 된다. 할렐루야.

그 다음은 내 남동생 욱이의 가정이 보인다. 교회는 다니지만 아직 하나님에 대한 열심은 없다.

그리고 그 다음은 내 여동생 희야의 가정이 보였다. 아버지가 보고 계신다.

희야가 아들 민규가 공부를 빨리 못한다고 다잡는 모습이 보인다.

그래서 나는 거기서도 희야와 민규 사이에 작용하는 더러운 영을 나가게 하여 달라고 기도하였다. 희야가 또 천주교를 다니는 것이 보였다.

이렇게 천국에서는 자신이 지상에서 보고 싶은 가족들을 이 영화 스크린이 있는 곳에 와서 볼 수 있는 것이다. 다 보고 나면 그곳에 와 있는 사람들을 두 날개달린 두 천사들이 그들을 다시 그들이 사는 곳으로 돌아가게 데려다 준다. 그리고 주님과 나는 구름을 타고 다시 천국 입구로 왔다.

천국의 아버지가
지상의 어머니에게
보내는 쪽지

(2014. 3. 10)

천국가는 마차를 가지고 온 천사들이 말한다.

'어서 오십시오 주님이 기다리고 계십니다!' 하고 말하는 것을 이번에는 그들의 얼굴 표정을 보고 알 수 있었다.

나는 천국에 올라가자마자 바로 하나님 보좌 앞에 엎드려 있었다. 내가 주님께 부탁했다.

아버지 있는 곳에 다시 가보고 싶다고 했다.

하얀 날개 달린 흰 옷 입은 두 천사가 나를 수호하여 주었다.

주님은 같이 가시지 않고 두 천사와 함께 나는 구름을 타고 날아갔다.

한 천사는 내가 아버지께 줄 보석 상자를 들고 있었다.

내 집에서 가져온 것이다.

내가 천사들과 함께 아버지 있는 곳에 도착했다.

아버지가 거기 있는 자들과 이야기 하시다가 돌아서 나를 보았다. 아버지는 거기 여러 사람들과 긴 의자에 앉아서 이야기하고 계셨다. 사람들이 그 자리를 피해주었다.

나는 아버지랑 처음으로 포옹했다.

그리고 앉아 이야기했다.

나는 아버지에게 물었다. 엄마, 욱이, 희야, 경이언니가 궁금하지 않냐고? 아버지는 말씀하신다.

보고 싶으면 그 영화스크린에 가서 본다고 말했다. 아 그렇구나.....

우리 앞에 둥근 테이블이 놓이고 천사들이 음식을 가져왔다.

포도와 카스테라 같은 빵이었다.

아버지와 나는 그것을 먹었다.

아버지가 말씀하신다.

엄마에게 내가 잘못한 것 많이 회개했다고....

나는 천국에서도 회개 할 수 있는지 궁금했다.

그리고 아버지가 종이에 펜으로 쓰신다.

"여보 미안해, 천국 오거든 만나자!" 라고 써서 주신다.

이것을 엄마에게 전하여 주라 하신다.

그리고 나는 아버지에게 작별인사를 하고 천사들과 다시 구름을 타고 주님의 보좌 앞으로 갔다.

주님이 나와 함께 우리 집으로 가자고 하신다.

테이블에 앉아서 내가 써야 할 책을 앞에 두고 계신다.

"주님 책 제목을 무어라 할까요?"

주님께서는 예수님이 천국에 계신 것조차 모르는 자들이 많다고 했는데....

'왜 천국인가?' 라고 할까요?

주님이 아무 말씀이 없으시다.

갑자기 두루마리 종이 같은 것이 테이블 위에 펴지더니 주님이 붓글씨체로 쓰신다.

"이제도 있고 전에도 있었고 장차 올 자 예수 그리스도"

즉 이것이 책 제목이 되어야 함을 알게 하여 주셨다.

그 다음 괄호 안에 ("나의 천국과 지옥 방문 수기", 서사라 목사) 할렐루야!

드디어 내가 써야 할 책 제목을 주님으로부터 받아낸 것이다.

내가 쓰는 천국과 지옥
간증 책이 인간창조역사관에
보관될 것을 말씀하시다.

(2014. 3. 10)

[고전 15:10] 그러나 나의 나 된 것은 하나님의 은혜로 된 것이니 내게 주신 그의 은혜가 헛되지 아니하여 내가 모든 사도보다 더 많이 수고하였으나 내가 아니요 오직 나와 함께 하신 하나님의 은혜로라

나를 데리러 온 황금수레 마차 안에 벌써 예수님이 타고 계신다.

바깥에 두 천사는 나를 아주 반갑게 맞이한다.

그들은 오늘 따라 표정이 별로 없고 아주 절실하고 심각한 표정을 하고 있다.

나는 생각했다. 왜 그럴까?

그들의 얼굴은 참으로 심각하게 보였다.

수레 안에 예수님이 이미 앉아 계시기 때문일까?

예수님은 수레 안에서 내가 앞으로 써야 할 책 즉 녹색에 금장색 무늬를 한 책을 펴고 계셨다. 주님이 이렇게 내가 천국에 올라갈 수레에 먼저 앉아 계신 것이 몇 번 안 되었는데 이번이 그중의 한 번이다.

그 책 안에는 물론 백지이다. 아직 내가 쓰지 아니하였기 때문이다.

나는 수레를 탔다. 그리고 주님과 나는 즉시 천국에 도달하였다.

주님이 말씀하신다. 갈 곳이 있다 하시면서 가시는 곳이 인간창조역사관으로 나를 데리고 가시는 것이었다.

왜 나를 여기에 데리고 오시지? 하고 궁금해 했다.

그리고 도착하여 박물관 안으로 들어섰는데 주님이 말씀하신다.

"날 따라 오너라."

그리고 가시는 곳이 바로 우리가 도착한 층 (이것은 기본층, 주님의 탄생부터 승천까지의 그림이 여기 있다. 이 기본층 위로 삼층은 신약, 이 기본층 아래 삼층은 구약에 대한 그림들이 전시되어져 있다.) 말고 그 위로 1,2,3층이 더 있는데 위로 있는 2층으로 나를 데리고 가시는 것이었다.

거기는 일곱인 일곱나팔 일곱 대접재앙이 거기에 기록되어 있었다. 주님은 우리가 여섯째 인과 일곱째 인 사이에 있는 그림 앞에 가서 서신다.

즉 한국전쟁 앞쪽이다.

그리고 주님은 내가 쓰는 책이 바로 여기 인간창조역사관의 벽그림 밑에 있는 벽장안 선반에 보관될 것을 말씀하신다.

즉 내가 쓰는 천국과 지옥 간증한 책 말이다.

아하, 이제야 이해가 갔다. 이전에 솔로몬의 행적을 이 인간창조역사관에서 보았을 때에 그의 사적이 그림으로 표현되어 있는 것 외에 다른 모든 것들은 이러한 녹색표지에다 금장색 무늬가 있는 가죽표지로 된 책으로 기록되어 그 그림 밑에 있는 벽장의 선반에 보관되어 있었음이 지금 생각나는 것이었다.

아하, 그렇구나! 나의 천국지옥 간증 책의 표지가 바로 그와 똑같이 생긴 표지였다. 오 마이 갓! (Oh my God!)

그래서 지금까지 주님은 내가 써야 할 책을 보여주실 때에 그렇게 책 표지가 마음에 안 든다고 말해도 꼼짝도 안 하시고 안 바꾸어 주신 이유가 여기 있음을 알게 된 것이다. 할렐루야.

주님은 말씀하신다. 지금까지 각 시대를 살면서 천국과 지옥을 간증한 자들이 많은데 그들의 책이 다 여기 인간창조역사관의 벽장의 선반 안에 시대 시대마다 보관되어 있다는 것이다. 아멘....

내 것도 쓰여지면 바로 여섯째 인과 일곱째 인 사이 그 벽안에 보관되어질 것을 말씀하신다. 왜냐하면 우리가 지금 여섯째 인과 일곱째 인 사이에 살고 있기 때문이다.

할렐루야 주님을 찬양합니다.

이것은 참으로 나에게는 굉장한 메시지였다.

아니 내가 쓰는 천국과 지옥에 대한 책을 인간창조역사관에 보관한다는 사실은 나를 참으로 놀라게 하였다.

주님 감사합니다. 제가 열심히 정성껏 주님이 주시는 메시지를 담아서 잘 쓰도록 노력하겠습니다.

[계 22:12-13] (12)보라 내가 속히 오리니 내가 줄 상이 내게 있어 각 사람에게 그의 일한 대로 갚아 주리라 (13)나는 알파와 오메가요 처음과 나중이요 시작과 끝이라

나는 각 시대마다 주님이 사람을 택하여 그 사람의 눈을 열어서 천국과 지옥을 보게 하여 사람들에게 알리고 이렇게 책으로 또한 박물관에 시대 시대마다 보관하고 계심을 또한 알게 되었다. 할렐루야.

　그리고 왜 내가 써야 할 책 표지가 녹색가죽에다 금장색 무늬를 하고 있는지 오늘 그 이유를 알게 된 것이다.
　나는 그것도 모르고 책 표지에 대하여 얼마나 그동안 마음에 안 들어 하였는지……
　주님 나의 어리석음을 용서하시고 정말 나의 나 된 것은 다 하나님의 은혜였음을 고백합니다.
　할렐루야. 주님을 찬양합니다!

주님께서 어떤 자들이
이기는 자들인지를
말씀해 주시다.

(2014. 3. 11)

천국에 올라갔다.

주님과 내가 가는 길에 어린아이들이 흰 옷을 입고 꽃을 뿌렸다. 전에도 보던 아이들이다. 흰옷에 발레복 같은 넓은 치마에 흰 스타킹을 신은 것 같은 복장을 한 아이들이다. 아이들이 주님과 내가 가는 길에 꽃잎을 뿌려주는데 나는 너무 너무 즐거웠다.

그리고 우리가 길을 좀 가자 좀 큰 구름이 왔다. 주님과 내가 거기에 탔는데 거기에 아이들도 같이 탔다.

그리고 한 두 명의 아기천사가 바이올린을 켰다.

그리고 아름다운 음악이 연주가 시작되었다. 그런데 분명 그 음악이 천국에 울려 퍼지는데 나에게는 들리지 아니하였다. 음악이 울려 퍼지는 것은 분명히 알겠는데 그 천국 음악이 내게는 안 들렸다.

우리가 도달한 곳은 전에도 한번 와 봤던 곳이었다.

두 서너 개의 계단에 빨간 융단이 깔려 있고 거기를 들어가면 주님이 앉는 보좌가 있는데 거기도 빨간 융단이 깔려 있다.

여기는 아마도 아이들을 키우는 곳이 아닌가 생각된다.

그리고 이곳에 주님의 자리가 마련되어 있는 것이다.

주님이 그 보좌에 앉자 아이들이 와서 안긴다.

그렇게 한동안 있다가 주님이 아이들에게 명령한다.

"모두들 나의 보좌로 가자." 그리고서 우리 모두는 진짜 주님의 보좌로 갔다.

거기는 천사들이 양쪽으로 쭉 나열하여 서 있었다.

아이들이 먼저 꽃을 뿌리면서 들어가고 그 다음 주님과 내가 들어가는데 천사들은 아이들이 들어갈 때부터 박수를 치면서 환영하였다.

주님이 보좌에 앉으시고 나는 또한 주님 앞에 엎드려 있었다.

그리고 내가 주님께 질문을 한다.

주님 이기는 자와 이기지 못하는 자가 있는데 이기는 자들은 어떤 자들이며 이기지 못하는 자들은 어디로 가나요?

그러자 주님은 내게 이기는 자들로서 즉시 네 사람의 이름을 생각나게 하여 주셨다.

다니엘, 사드락, 메삭, 아벳느고....

즉 이기는 자들은 소위 주님을 위하여 목숨을 내놓고 믿는 자들인 것을 알 수 있었다.

이기는 자들에게는 주님이 주님의 보좌에 함께 앉게 하여 주시겠다고 약속을 하시고 흰 돌을 주며 만나를 먹이시겠다고 말씀하시는 것이다.

주님 그러면 이기지 못하는 자들은 어디로 가나요?
나는 이것이 몹시 궁금하였다.
그런데 주님은 아직 대답이 없으시다.
그러나 성경은 분명히 이기는 자와 이기지 못하는 자들에 대하
여 말하고 있다.

[계 2:7] 귀 있는 자는 성령이 교회들에게 하시는 말씀을 들을지어다
이기는 그에게는 내가 하나님의 낙원에 있는 생명나무의 과실을 주어
먹게 하리라

[계 2:11] 귀 있는 자는 성령이 교회들에게 하시는 말씀을 들을지어다
이기는 자는 둘째 사망의 해를 받지 아니하리라

[계 2:17] 귀 있는 자는 성령이 교회들에게 하시는 말씀을 들을지어다
이기는 그에게는 내가 감추었던 만나를 주고 또 흰 돌을 줄 터인데 그
돌 위에 새 이름을 기록한 것이 있나니 받는 자 밖에는 그 이름을 알 사
람이 없느니라

[계 2:26] 이기는 자와 끝까지 내 일을 지키는 그에게 만국을 다스리
는 권세를 주리니

[계 3:5] 이기는 자는 이와 같이 흰 옷을 입을 것이요 내가 그 이름을

생명책에서 반드시 흐리지 아니하고 그 이름을 내 아버지 앞과 그 천사들 앞에서 시인하리라

[계 3:12] 이기는 자는 내 하나님 성전에 기둥이 되게 하리니 그가 결코 다시 나가지 아니하리라 내가 하나님의 이름과 하나님의 성 곧 하늘에서 내 하나님께로부터 내려 오는 새 예루살렘의 이름과 나의 새 이름을 그이 위에 기록하리라

[계 3:21] 이기는 그에게는 내가 내 보좌에 함께 앉게 하여주기를 내가 이기고 아버지 보좌에 함께 앉은 것과 같이 하리라

[계 21:6-7] (6)또 내게 말씀하시되 이루었도다. 나는 알파와 오메가요, 처음과 마지막이라. 내가 생명수 샘물을 목마른 자에게 값없이 주리니 (7)이기는 자는 이것들을 상속으로 받으리라. 나는 그의 하나님이 되고, 그는 내 아들이 되리라

이 말씀은 성령이 교회들에게 하는 말씀을 들을지어다고 말하고 있으므로 예수를 믿는 자들에게 말씀하시는 것이다.
그러면 이들은 어디로 가는 것일까 이기지 못하면........
이기지 못하면 생명나무에 나아가지 못한다.......

[마 7:21-23] (21)나더러 주여 주여 하는 자마다 천국에 다 들어갈 것이 아니요 다만 하늘에 계신 내 아버지의 뜻대로 행하는 자라야 들어가리라 (22)그 날에 많은 사람이 나더러 이르되 주여 주여 우리가 주의 이

름으로 선지자 노릇하며 주의이름으로 귀신을 쫓아 내며 주의 이름으로 많은 권능을 행치 아니하였나이까 하리니 (23)그 때에 내가 저희에게 밝히 말하되 내가 너희를 도무지 알지 못하니 불법을 행하는 자들아 내게서 떠나가라 하리라

[눅 13:24-27] (24)좁은 문으로 들어가기를 힘쓰라 내가 너희에게 이르노니 들어가기를 구하여도 못하는 자가 많으리라 (25)집 주인이 일어나 문을 한번 닫은 후에 너희가 밖에 서서 문을 두드리며 주여 열어 주소서 하면 저가 대답하여 가로되 나는 너희가 어디로서 온 자인지 알지 못하노라 하리니 (26)그 때에 너희가 말하되 우리는 주 앞에서 먹고 마셨으며 주는 또한 우리 길거리에서 가르치셨나이다 하나 (27)저가 너희에게 일러 가로되 나는 너희가 어디로서 왔는지 알지 못하노라 행악하는 모든 자들아 나를 떠나 가라 하리라

하나님의 뜻을
이루는 최고의 삶은
하나님을 기다리는 삶이다.

(2014. 3. 12)

천국으로 올라가기 전에 나를 데리러 온 천사들이 매를 갖고 있다는 느낌이 들었다.

그리고 주위에 매가 쌓여 있는 것이 알아졌다.

아니 도대체 무슨 일이지?

천국에 올라갔더니 주님이 하시는 말씀이

"너 빈손으로 올라왔니?"라고 하시는 것이다.

아니 도대체 이것이 무슨 말씀인가? 하고 궁금해 하였더니 즉시 나에게 거기서 깨달아지는 것이 내가 주님께 바쳐야 되는 돈을 안 바쳤구나. 깨달아진 것이다.

내용인즉 어저께 어떤 분이 천국과 지옥 간증책을 펴내게 되었다하니 출판비로 500불 작정헌금을 하여서 그중에 200불을 받았다. 이것이 seed money이었다. 총 최소한 4000불은 필요로 할 텐데 이번 집회에서 들어오는 모든 헌금을 그곳에 채우려 하였다.

다 안 모이더라도 말이다. 그리고 나도 얼마라도 보태려고 하고 있었는데 주님이 너는 왜 seed money를 하지 않느냐 하는 책망을 하고 계시는 것을 알 수 있었다. 그래서 나는 즉시 주님! 아멘, 저도 500불을 하겠습니다. 라고 했다. 할렐루야.

주님은 참으로 정확하시다. 우리가 해야 할 것을 꼭 하게 하시는 분이시다.

그래서 아까 천국에 올라오기 전에 천사들이 매를 가지고 있는 이유가 깨달아졌다.

주님 감사합니다. 당연히 저도 해야지요.

그래서 출판비로 벌써 1,000불이 모아졌다. 할렐루야.

그러고 나서 주님과 내가 같이 길을 걸어가는데 앞쪽에 손수레가 놓여 있었다. 네 명이 그 수레를 들게 되어 있었다.

수레의 뚜껑이 파란 옥색으로 참 이쁘다.

주님과 내가 꼭 들어가서 앉을만한 크기이다.

주님과 나는 그 수레를 탔다. 그리고 네 천사가 그 수레를 들고서 걸어가고 있었다. 기분이 참 묘하게 좋았다.

사랑하는 주님과 함께 이렇게 단 둘이서 아름다운 수레를 타고 그것도 천사들이 그것을 들고 길을 간다는 것이 너무 좋았다.

주님이 말씀하신다.

"오늘 내가 이렇게 수레를 마련한 것은 너와 얘기를 좀 하기 위해서이다."

나는 주님께 말했다.

"주님 17년 전에 저에게 하늘을 열어 주시려고 했을 때에 제가 닫았어요."

OO 기도원에서 기도할 때였다. 산에서 한밤중에 기도하는데 갑자기 내 위에서 하늘 문이 열리려고 했던 것을 내가 억지로 닫은 적이 있다. 기도하려 앉았는데 갑자기 내 위로 하늘 문이 열리려 하였던 것이다.

양쪽으로..... 그런데 나는 닫아 버렸다. 그것도 억지로 왜? 내가 그때 보면 내가 너무 자만하여지고 교만하여질 것 같아서였다.

"주님 그때는 제가 그릇이 안 되어서 닫았어요."

주님이 말씀하신다.

"나는 이 때를 기다려 왔단다. 네가 천국과 지옥을 간증할 수 있도록 말이다."

"네 주님 저도 감사합니다."

"주님 저는 주님께서 저에게 제가 많은 영혼들을 구원하게 될 것을 여러 가지 환상을 통하여 보여 주시기도 하고 말씀으로 들려 주시기도 하고 그리하셨을 때에 저는 제가 어떤 큰 신유의 은사를 받아서 그렇게 영혼 구원을 하는 줄 알았어요. 그리고 그것이 아니면 제가 의학을 전공하였으므로 어디 불쌍한 나라에 가서 가난한 자들을 위하여 병원과 학교 등을 지어서 그렇게 영혼들을 구원할 줄 알았어요. 그런데 이제 보니 그것이 아니라 그것들은 다 인간적인 생각이었고 이제야 주님이 저에게 주님의 방법으로 주님의 일을 감당하게 하는 줄을 이제야 알게 되었습니다." 하면서 나는 주님의 두 손에 내 얼굴을 파묻고 울었다. 주님도 눈물이 글썽하여 지시는 것이었다.

주님이 나에게 많은 영혼들을 구원하게 될 것을 환상으로도 보여 주시고 말씀으로도 들려주신 것들은 다음과 같다.

   i) 3-4만 명의 영혼들을 구원하여 바구니에 담은 환상
   ii) 수많은 흰 말 탄자들을 이끌고 복음의 기수로 가장 앞에서
      달리던 환상
   iii) 찬양 중에 갑자기 주님이 내 목에서 말씀하시기를
      "내가 너를 모세와 같이 쓰리라"
   iv) 장례식장에서 목에서부터 올라왔던 목소리...
      "너를 통하여 많은 영혼들이 구원을 받을 것이다"

주님이 이제야 이 모든 것을 지금 실제로 주님께서 나에게 천국과 지옥을 보여주시는 것으로 이루시겠다는 것이었다. 아니 그러기 위하여 지금 주님은 나를 수레에 태우고 말씀하고 계시는 것이었다.

할렐루야. 나는 이전에는 전혀 이 하나님의 계획을 몰랐었다.

다만 주님께서 보여주시고 들려주신 그것을 하나님이 어떻게 이루실까 하는 것이 매우 궁금하였다. 왜냐하면 주님은 내가 선교지로 가고 싶어 해도 가라 소리를 안 하시므로 못 떠나고 있던 중이었다. 나는 선교를 떠나고 싶었다. 주를 위하여 그렇게 살고 그렇게 죽고 싶었다. 그런데 주님은 가라 말씀을 아직 안하셔서 그냥 이 자리에서 충성을 다하고 있었던 것이다. 가라하는 명령이 떨어지기까지 말이다. 어차피 내 인생은 내 것이 아니니 그분이 하라는 대로 해야 할 것이니까 말이다.

그러면서 나는 주님이 내게 보여주시고 들려주신 것을 어떻게

이루시기를 원하는지 참으로 궁금하기도 하고 주님의 방법으로 이루어 달라고 기도하기도 하였던 것이다.

즉 나는 주님을 줄곧 기다려 왔다. 그것을 어떻게 이루실 것인가를 기대하면서 말이다.

그런데 주님은 이렇게 이루시겠다는 것이다.

할렐루야.

주님은 이제 내가 너에게 이것이 이루어지게 하시겠다는 것이다.

얼마나 감사한지........눈물이 앞을 가렸다.

[살전 5:24] 너희를 부르시는 이는 미쁘시니 그가 또한 이루시리라

[사 55:12] 너희는 기쁨으로 나아가며 평안히 인도함을 받을 것이요 산들과 작은 산들이 너희 앞에서 노래를 발하고 들의 모든 나무가 손바닥을 칠 것이며

수레를 들고 걷던 천사들이 우리가 이야기하는 동안 길 끝으로 와서 우리를 바닷가 모래밭에다가 내려놓았다.

주님과 나는 이전에 여기 와 본적이 있다.

이전에 보았던 불가사리가 콩콩 뛰어 오면서 "나도 같이 가요 나도 같이 가요" 하고 따라온다. 그 옆에 오늘은 발그스름한 게가 옆으로 달리면서 "나도 갈래 나도 갈래" 하면서 따라온다.

주님이 말씀하신다.

"사라야."

"네."

"네가 본 천국과 지옥에 대하여 간증하면 너에게 핍박이 있을 것이다. 그것을 잘 견디어라."

"네 주님."

그러시면서 활짝 웃으신다. 그 웃으시는 표정에 음성이 담겨 있었다.

"너는 충분히 이겨낼 수 있어!" 하시는 것이었다.

이것을 어떻게 표현하여야 할지 모르겠다.

여기서는 말 안 해도 다 통한다.

할렐루야.

그리고 나는 내려왔다.

[사 55:8-11] (8)여호와의 말씀에 내 생각은 너희 생각과 다르며 내 길은 너희 길과 달라서 (9)하늘이 땅보다 높음 같이 내 길은 너희 길보다 높으며 내 생각은 너희 생각보다 높으니라 (10)비와 눈이 하늘에서 내려서는 다시 그리로 가지 않고 토지를 적시어서 싹이 나게 하며 열매가 맺게 하여 파종하는 자에게 종자를 주며 먹는 자에게 양식을 줌과 같이 (11)내 입에서 나가는 말도 헛되이 내게로 돌아오지 아니하고 나의 뜻을 이루며 나의 명하여 보낸 일에 형통하리라

천국에서 왕권을
가진 자들이 되려면

(2014. 3. 12)

천국에 올라갔다.

내가 왕권을 가진 복장을 하고 주님 옆자리에 앉아 있는 것이었다. 나는 재빨리 일어나 주님 보좌 앞에 엎드렸다.

그리고 나는 주님께 말했다.

"주님 저는 이러한 면류관 쓸 자격이 없어요.

그리고 이러한 왕권을 가진 복장을 할 자격이 없다."고 했다.

그리고 면류관을 벗어서 옆에다가 놓았다.

주님이 말씀하신다. "기다리라!"

이 자리는 즉 주님의 옆자리를 말한다. 조금 아까 내가 앉아 있던 자리 말이다.

주님의 말씀이 "이 자리는 이기는 자의 자리이며 왕권을 가진 자의 자리란다. 그리고 지금 여기 와서 앉거라." 라고 말씀하셨다.

그래서 나는 다시 일어나서 아까 앉았던 주님의 옆자리로 가서 앉았다.

자리에 앉아있는 나에게 천사가 종이 한 장을 가져다준다.

1. 감투를 쓰지 마라.
2. 화려한 옷을 피하라.
3. 돈을 사랑치 말고 나를 위하여 쓰거라.

그럴 때에 주님보좌의 양쪽에 쭉 늘어서 있는 천사들이 합창하여 두어 번 우- 우- 하고 소리를 발했다. 즉 그것이 진리고 진실이며 꼭 그렇게 해야 한다는 것이었다.
그래야 왕권을 가진 자가 될 수 있음을 말하고 있었다.
그 천사들은 내가 그런 종이를 받은 것을 축하하여 주었고
또한 함께 즐거워하여 주었다.

감투를 쓰는 것은 이생의 자랑이다.
화려한 옷을 입는 것은 안목의 정욕이다.
돈을 사랑하는 것은 육신의 정욕이다. 무엇을 먹을까 무엇을 마실까 무엇을 입을까를 걱정하는...........

즉 이 모든 것은 하나님을 사랑하는 데 거침돌이 되는 것들인 것이다. 우리는 이러한 것들을 지상에서 버리고 오직 하나님과 하나님 나라를 구하는 자가 정말 왕권을 가지게 된다는 것이다.

[요일 2:15-17] (15)이 세상이나 세상에 있는 것들을 사랑치 말라 누구든지 세상을 사랑하면 아버지의 사랑이 그 속에 있지 아니하니 (16)이는 세상에 있는 모든 것이 육신의 정욕과 안목의 정욕과 이생의 자랑이니 다 아버지께로 좇아 온 것이 아니요 세상으로 좇아 온 것이라 (17)이

세상도, 그 정욕도 지나가되 오직 하나님의 뜻을 행하는 이는 영원히 거하느니라

주님과 나는 그 자리에서 구름을 타고 떠났는데 주님도 나도 어느새 평상시복으로 바뀌어져 있었다.

우리는 늘 가는 정원 벤치에 앉았다.

주님이 말씀하신다.

"네가 나를 위하여 일할 것이다."

천국에서도 예배를
드리는 시간이 있다.

(2014. 3. 15)

[계 1:3] 이 예언의 말씀을 읽는 자와 듣는 자들과 그 가운데 기록한 것을 지키는 자들이 복이 있나니 때가 가까움이라

천국에 올라갔다.

나를 데리러 온 천사들의 옷 그 가장자리 즉 팔목이 있는 부위 그리고 목 주변이 진한 갈색으로 띠를 두르듯이 장식되어 있는 옷을 입고 있었다.

내가 수레를 타는데 오 마이 갓! 나도 언제 이렇게 입었는지 여하튼 나도 오늘은 팔목 있는 부위의 가장자리가 진한 갈색으로 되어 있고 목주변이 진한 갈색으로 된 드레스를 입고 있었다.

아니 내가 왜 오늘 이렇게 이런 옷을 입고 있는 것이지? 하고 궁금해 하고 있었다.

천사들이 가져온 황금마차 수레를 타고 천국에 도착하여 보니 주님은 그러한 진한갈색이 있는 옷을 입으신 것이 아니라 주님은 흰 옷만 입고 계셨다.

주님이 나와 함께 이번에는 구름을 타시지 않고 그냥 몸으로 굉장히 빠른 속도로 날아갔다.

그리고 주님은 어마어마하게 높고 큰 성에 도달하여 그 성안으로 들어가신다. 꼭 그 성은 교회와 같은 모습이었다.

그러나 너무나 큰 성전이다. 고딕무늬의 각종 아름다운 보석으로 지어진 그 안을 보기만 보아도 굉장히 웅장한 성인 것을 알 수 있었다.

성전문 안으로 들어서니 거기 있던 수많은 사람들이 주님을 위하여 길을 내었다.

그들은 다 나와 같이 가장자리가 진한 갈색의 옷들을 다 입고 있었다.

나는 성전 안으로 들어서자 내 눈에 보이는 천정과 벽을 쳐다보면서 그 성전의 웅장함과 아름다움에 넋을 잃고 있었다.

그 아름다움은 놀랍기만 했다.

그리고 그 성전 앞쪽으로는 주님이 십자가에 달려 고통 받는 모습이 아주 크게 달려 있었다.

그리고 주님은 꼭 설교자가 앞에 서서 설교하듯이 흰 옷을 입으신 채로 서셨다.

조그만 단상위에는 성경책이 펼쳐져 있었다.

수많은 무리는 자리에 앉았다.

주님이 성경책을 집어 드니 그들은 다시 일어섰다.

일어서서 주님이 하시는 말씀을 들었다.

내용인즉 성경의 말씀은 그대로 일어난다는 것이었다.

흰 옷을 입은 예수님은 죽었다가 다시 살아나신 부활한 예수님으로 표현되고 있었다.

와우....나는 참으로 놀랐다. 하늘에서도 이렇게 예배를 드리는 시간이 있다니.....

즉 하나님의 말씀을 듣는 시간이 있음을 알게 된 것이다.

할렐루야.

성경의 말씀은 아직 다 이루어지지 아니하였다. 주님은 이것을 그들과 함께 나누고 있었던 것이다.

할렐루야.

[마 5:17-18] (17)내가 율법이나 선지자나 폐하러 온 줄로 생각지 말라 폐하러 온 것이 아니요 완전케 하려 함이로라 (18)진실로 너희에게 이르노니 천지가 없어지기 전에는 율법의 일점 일획이라도 반드시 없어지지 아니하고 다 이루리라

주님이
집회에서 고쳐주실
병들을 말씀하시다.

(2014. 3. 17)

천국에 올라갔다.

천국으로 나를 인도하는 천사들이 호루라기를 휘리릭 하고 분다.

그랬을 때에 나에게는 내가 천국에 올라가서 무슨 영적무장을 해야하나 하는 생각이 들어왔다. 천국에서 떠오르는 생각은 내가 하는 것이 아니다. 주님이 주시는 것이다.

왜냐하면 나는 지금 집회를 앞에 두고 있기 때문이다.

올라가서 나는 주님을 보자마자 그분께 안기고 또 그분의 옷에 내 얼굴을 파묻었다.

주님이 저기를 보라고 손을 뻗어 지시한다.

수많은 사람이 온다.

주님이 알게 하신다.

네 집회에 올 사람들이다.

그중에 아저씨 한 명이 애써 앞으로 와서 앉으려 하는 것이 보인다.

그리고 갑자기 내 손에 종이와 연필이 생겼다. 누가 준 것도 아닌데 이런 경우는 나에게 갑자기 연필과 종이가 주어진 것이다. 나도 내가 어떻게 그것이 내 손에 갑자기 생겨났는지 모른다.

천국은 그냥 이런 곳이다. 그리고 주님이 말씀하신다.

"적으라. 빨리!"

나는 적기 시작했다.

주님이 말씀하신다.

1. 첫째, 당신들 중에 중풍병자를 하나님이 고치시겠답니다.
   라고 선포하라.
2. 그 다음 암병을 주님이 고치신다고 하라 주님이 암덩어리를
   녹이십니다. 라고 말하라.
3. 또 눈이 안 좋거나 눈이 안 보이는 자를 주님이 고치십니다 라고
   말하라.
4. 그리고 또 주님은 허리 아픈 자를 고치십니다. 라고 말하라.
5. 또 주님이 피부병도 고치시겠답니다. 라고 말하라.

그 다음에는 나보고 하시는 말씀이 네가 집회를 마치기 전에 각 사람에게 안수하고 기도하여 주면 내가 그 기도 받는 각 사람에게 말씀을 주겠노라고 말씀하신다.

할렐루야.....

그런데 참으로 이상한 것은 천국에서 주님이 1-5번까지 선포하라해서 받아 적는데 이내 지상의 몸이 너무 감동을 먹어서 그런지 들썩들썩했다.

나는 이것을 주님이 반드시 역사하시겠다는 의미로 받아들였다.

할렐루야.

[사 53:5] 그가 찔림은 우리의 허물을 인함이요 그가 상함은 우리의 죄악을 인함이라 그가 징계를 받음으로 우리가 평화를 누리고 그가 채찍에 맞음으로 우리가 나음을 입었도다

만 7세 이전에
죽은 아이들이
천국에 와 있다.

(2014. 3. 17)

나는 오늘 두 번째 천국에 올라갔다.

나를 데리러 온 천사들 옆에 아이들이 소형 자동차 같은 것을 타고 따라온다.

또한 아기천사들도 여러 명이 같이 있다.

우리 모두, 나를 데리러 온 두 천사들, 소형 자동차들을 탄 아이들, 한 차에 한 명씩 타고 있었다. 또 아기천사들 이 모두가 다 천국에 도착했다.

아이들은 천국에 있는 철도에서 그 자동차를 각각 타고 트랙을 돈다. 그리고 마냥 즐거워한다.

그리고 나서 두 흰 날개달린 천사가 호루라기를 부니까 그들의 차들이 다 터널로 들어가 버린다.

그리고 주님이 나를 데리고 가시는데

그곳은 황금색 테두리를 한 하얀 문이 있고 그 주위가 꼭 분홍색 dome 처럼 생겼다.

그곳 바깥에서는 두 명의 천사가 주님을 보자 주님 앞에 엎드린다. 그들은 주님을 보자 엎드려서 경의를 표하는 것이었다.

여기가 어디일까? 하고 나는 궁금하였다.

그리고 그 문 안으로 즉 분홍색 dome 안으로는 많은 집들이 보인다. 누가 그곳에 있을까? 매우 궁금하였다.

그랬더니 생각으로 알아지는 것이 7세 이전에 예수를 자신의 의지를 가지고 영접하기 전에 죽은 아이들이 오는 곳이구나. 그냥 알아지는 것이었다.

나는 다시 이곳으로 와 봐야겠다고 생각했다.

이제야 이해가 가는 것이 그래서 천국으로 올라올 때부터 소형자동차 탄 아이들과 아기 천사들이 나랑 같이 올라왔구나 하는 생각이 들어 온 것이다. 할렐루야.

어찌 하였든 다음에 또 와 봐야 할 장소이다.

주님 감사드립니다. 나는 어제 오늘 "주님! 7세 이전에 예수를 모르고 죽은 아이들이 가는 곳을 보고 싶어요." 하고 기도하였더니 주님이 오늘 이곳에 나를 데리고 오신 것이다. 할렐루야.

주님 감사합니다. 제 기도에 응답하여 주시는 주님을 찬양합니다.

천국에서
집회에서 전해야 할
내용들을 듣다.

(2014. 3. 18)

천국에 올라갔다.

주님이 자신의 두 손으로 내 손을 잡고 비비신다.

마리아가 나타나고 마리아와 주님이 나를 양쪽에서 손을 하나씩 잡고 날았다.

이 회의실은 저 하늘높이 하얀 단층 건물이다.

거기에는 이미 요한과 베드로가 와 앉아 있었다.

주님과 나 그리고 마리아는 각자 제자리를 찾아 앉았다.

주님은 주님의 자리 즉 회의할 때에 회장의 자리에 앉은 것같이 앉으시고 그 오른편에 마리아가 가장 가까이 앉고 그 왼편에는 내가 가장 가까이 앉았다.

그리고 바울과 에스더가 왔다.

그런데 오늘은 테이블위에 한국지도가 없다.

오늘은 내가 하는 집회에 대하여 의논하는 것이었다.

앉은 자들이 집회를 앞두고 있는 나에게 각각 한마디씩 한다.

1. 마리아 : 강하고 담대하라.

2. 요한 : 마지막에 대하여 반드시 이야기해야 한다.

3. 바울 : 축사와 신유사역을 반드시 할 것을 잊지 말라.

3. 베드로 : 죽는다는 것은 주님께 가는 일이므로 기쁜 일이라고 전해야
   한다.

4. 에스더 : 신앙생활은 죽으면 죽으리랏다 하고 무슨 일에든지 덤벼야
   한다.

5. 삭개오가 나중에 도착하여 한마디 했다.

   사람들에게 돈에 대해 애착을 버리고 또한 돈에 대한 욕심이 올라오
   면 그것을 배설물로 여기게 하라고 말했다.

마지막으로 주님은 나에게 무언의 말씀을 하신다.

집회의 주인은 주님이시고 나는 심부름꾼에 불과하다는 사실을
다시 한 번 무언으로 말씀하셨다. 할렐루야.

7세 이전에 죽은 아이들이 가는 천국과 7세 이후 예수 믿지 않고 죽은 아이들이 가는 지옥을 보다.

(2014. 3. 18)

나는 천국에 올라갈 때부터 내가 요즘에 젊은이들이 결혼할 때에 입는 신부복을 입고 있는 것이었다. 그것도 머리에 면사포까지 쓰고서 말이다.

천국에 도착하니 주님이 요즘 젊은이들이 결혼식 때에 입는 신랑 양복을 입고 계신다.

주님과 나는 둘이서 신랑 신부로 그 황금대로 길을 입장하는데

천국의 사람들도 우리를 위하여 여자들은 하얀 드레스를 입었고 그리고 남자들은 양복을 입고 길가에 쭉 늘어서서 신랑 신부 입장하는 주님과 나를 손뼉을 치면서 맞이하여 주었다.

길에는 하얀 천이 깔려있고 신랑 신부 입장하여 주님과 나는 쭉 걸어가서 길 끝에 이쪽을 바라보는 의자 둘이 놓여 있었는데 우리는 거기 가서 앉은 것이다.

그리고 주님과 내가 앉은 의자들이 붕 뜨는 느낌이 나더니 우리는 벌써 지구위에 떠 있는 것이었다.

우리 위로는 풍선처럼 크게 우산처럼 되어 있고 우리는 그 의자

앉은 채로 바구니 안에 앉아 있는 모습이었다. 바구니가 큰 우산처럼 낙하산처럼 생긴 것에 매달려 공중에 떠 있었다.

우리 밑으로는 지구가 보였다. 어찌 이런 일이……

나는 왜 오늘 나에게 이러한 모습이 보이는가 하고 생각하고 있는데 그냥 알아진다. 아하! 주님이 나를 지구에서 이렇게 신부로 들어 올리시겠다는 것이구나! 할렐루야! 그 메시지가 금방 그 순간에 알아지는 것이었다. 주님 감사합니다.

그리고 나서 그 풍선바구니는 벌써 또 다시 천국에 도착하였다.

그러면서 주님과 나는 다시 복장이 바뀌어졌다.

그리고 주님의 마음이 그냥 알아지는데 주님께서 마음으로 말씀하시기를 어저께 내가 보았던 분홍색 dome 과 같이 생긴 곳을 가자고 하신다.

문은 문설주부터 황금보석으로 되어 있다. 문을 들어가면 터널을 지나가듯이 하고 그리고 그 터널이 끝나는 곳에서부터 동네로 들어가기까지 쭉 내리막길로 되어 있는 언덕길이 나있었다. 그런데 그 모든 길도 터널도 다 황금보석으로 되어 있었다.

터널을 지나 그 언덕 밑에는 푸른빛이 감도는 보석들로 만들어진 똑같이 생긴 집들이 나열되어 있었고 또한 그 똑같이 생긴 집들이 한곳에 모여 있었는데 여기서 아이들이 공동 생활하는 것이 알아지는 것이었다.

그리고 아이들의 옷이 다 가지각색으로 입혀져 있었다.

그중에 한 명의 아이의 옷이 자세히 보인다. 아래위로 솜으로 된 웃옷과 아래옷을 입혀 놓은 것 같았는데 아주 귀여웠다. 이 아이들은 부모에게서 태어나서 7세 이전에 죽은 아이들이다. 즉 태어나서 얼마간이라도 살다가 온 아이들이었다.

그리고 거기는 아이들이 공동교육을 받고 있었다. 하나님 나라와 예수님에 대하여...

우리는 그곳을 나왔다. 그리고 나는 주님께 부탁했다.

나는 7세 이후 예수 믿지 않고 죽은 아이들은 어디를 가는지 보여 달라고 했다.

우리는 다시 천국입구까지 왔다.

네 명의 철저히 갑옷으로 무장한 천사가 날 호위하였다. 나는 다시 아래위 흰 옷으로 바지로 입고 머리를 뒤로 묶고 발랄한 모습이 되었다. 내가 지옥으로 갈 때면 늘 이런 복장을 한다.

그리고 지옥으로 향하는데...

우리가 무슨 큰 깔때기 속으로 떨어지는 것 같았다.

그 깔때기 입구는 넓고 둥글고 아래로 갈수록 좁아지는 것이었다.

그리고 우리는 드디어 바닥에 도달하였는데 이전에 보던 동그란 쇠문 같은 것이 열리고 우리는 그 안으로 들어섰다.

그런데 이곳은 내가 전에 와봤던 곳과 너무나 유사했다.

즉 어른들이 예수 안 믿어 가는 지옥과 매우 유사한 곳이었다.

안에는 위로 텅 빈 둥근 공간이 있고 아래에는 아주 큰 구덩이가 있는데 그 중간정도에 절벽이 있고 곳곳에 한 사람씩 들어올 수 있는 문이 있으며 그 절벽 위에는 사람들이 두세 발자국 디딜수 있는 정도의 넓이가 있고 그 밑에는 큰 구덩이가 낭떠러지 밑에 있었고 그곳은 불구덩이었다.

즉 7세 이후로 예수 믿지 않고 죽은 아이들이 그 절벽 위에 있는 문으로 들어오자마자 마귀의 부하들이 그들을 아래로 떨어뜨리면 그들은 불구덩이로 떨어지는 것이었다.

불구덩이에 있는 벌거벗은 아이들이 소리를 지른다.

"엄마 나 살려줘!" "앗 뜨거워 못 살겠어."

"엄마 하나님 나 용서해 주세요."

"교회 가라할 때 갔었어야 했는데 하나님 엄마 나 잘못했어요."

아이들이 불구덩이에서 소리치며 아우성을 쳤다.

아이들의 목소리가 아주 듣기 괴로울 정도로 불쾌하고 고통스러우며 째지는 목소리들이었다.

어찌 이리 어른들이 예수 믿지 않고 지옥 가는 자들과 비슷한 고통을 받는지…

그런데 분명한 것은 그들의 불구덩이는 규모가 훨씬 작다는 것이었다.

아이들이 불을 피하여 도망하다가 앞에 마귀부하가 창을 가지고 찌르기 위해 기다리고 있는 것을 보고 도로 뒤를 돌아서 불속으로 도망가는 것이 보였다.

아아. 이를 어찌하면 좋을꼬..... 나는 신음하였다.

어린 아이들도 예수 믿고 거듭나지 아니하면 지옥에 간다.

아니 여기에 온다.

아이들에게도 예수를 전해야 한다.

그들이 예수 믿도록, 언제 죽을지 아무도 모른다.
죽으면 구원받을 기회가 없는 것이다.
아이들도 말이다. 오 주여 용서하여 주시옵소서!

주님은 사람들에게
천국과 지옥이라는 말을
들려주는 것만으로도
'잘했다' 하신다.

(2014. 3. 20)

　OOO 기도원에서 천국과 지옥 간증 집회를 마치고 교회로 돌아왔다.　박OO 목사님 권유로 집회 광고비만 거의 1,000불이 나갔다. 박 목사님은 이 집회에 대하여 광고를 많이 해야 한다고 꼭 고집을 하셔셔 신문, 방송 광고가 많이 나갔다.

　그런데 광고를 많이 한 것에 비하여 집회에 모인 숫자는 많지 않았다. 그래서 광고비를 괜히 낭비하지 않았나 하고 좀 언짢은 생각이 나에게 끼어들었다. 그러고 나서 나는 천국에 올라갔다.

　주님이 뭐라고 하시는지 궁금했다.

　천국에 올라갔는데 주님께서 박OO 목사님과 나를 같이 구름위에 태우시고 주님의 양손을 박 목사님 머리 위와 내 머리 위에 각각 올리시고 안수하시면서 둘 다 "참 잘했다."라고 말씀하시는 것이었다. 즉 광고를 많이 한 것이 무척 잘한 일이라는 것이다.

　그리고 우리가 타고 있는 구름 아래에 있는 많은 사람들이 우리를 향하여 박수를 쳤다. 아주 잘했다고..... 할렐루야!

즉 요즘 사람들은 세상에 너무 바빠서 천국과 지옥을 잊고 산다. 그런데 신문과 방송을 통하여 천국과 지옥에 대한 인식을 그 바쁜 사람들에게 한번 심어준 것만도 잘했다는 것이다.

할렐루야. 주님 제가 생각이 좁았습니다.

할렐루야. 주님을 찬양합니다.

갑자기 광고비가 아깝지 않았다.

[요 3:16-19] (16)하나님이 세상을 이처럼 사랑하사 독생자를 주셨으니 이는 저를 믿는 자마다 멸망치 않고 영생을 얻게 하려 하심이니라 (17)하나님이 그 아들을 세상에 보내신 것은 세상을 심판하려 하심이 아니요 저로 말미암아 세상이 구원을 받게 하려 하심이라 (18)저를 믿는 자는 심판을 받지 아니하는 것이요 믿지 아니하는 자는 하나님의 독생자의 이름을 믿지 아니하므로 벌써 심판을 받은 것이니라 (19)그 정죄는 이것이니 곧 빛이 세상에 왔으되 사람들이 자기 행위가 악하므로 빛보다 어두움을 더 사랑한 것이니라

주님이 내게
머플러를
선물하여 주시다.

(2014. 3. 21)

천국에 올라갔다.

주님이 진갈색 머플러를 내게 주시는데 거기에는 작은 보석 별들이 박혀 있는 것이었다. 나는 그것을 주님께 받아서 내 목에 감았다. 그리고 나는 주님과 같이 길을 걸었다.

우리 오른쪽 옆에는 진갈색의 나뭇잎이 가장자리에 빙 둘러서 나 있고 중앙에는 분홍색의 보석 꽃이 만발하여 피어 있는 들판으로 주님과 나는 길을 걸었다.

주님은 나에게 이렇게 말씀하신다.

"이쁜 나의 아가야!" 라고....

그리고 나는 잠이 깜박 들었다.

그 다음에 나는 다시 천국에 올라갔다.

이전 상황이 나에게 그대로 되풀이 되는데 이번에 다른 것은 주님이 내 목에 건 진갈색 머플러 외에 노란 색의 머플러 하나를 더 주셨다. 이 노란색 머플러에도 보석 별들이 박혀서 반짝이고 있었다. 은색의 보석 별들이 말이다.

그래서 나의 목에는 진갈색 머플러와 노란색의 머플러가 같이 감겨져 있어서 그 색의 조화가 참으로 아름다웠다. 할렐루야.

주님과 다시 그 길을 걸었다.

정확하게 길 오른편에 진갈색 잎 안에 분홍색의 꽃이 피어 있는 그 들판. 할렐루야!

그리고 주님은 나를 보고 하시는 말씀이 우리가 이러고 있을 때가 아니라면서 나를 늘 가는 회의실로 데려갔다.

거기는 마리아가 와 있었다.

나는 이 회의실에 오기만 하면 또 우리나라 전쟁이야기인가 싶어 조마조마 하면서 제발 그렇지 않기를 바랬다. 또 의논하는 것조차 꺼려하고 있으니 천국이 더 이상 진행이 안 되는 것이었다. 그래서 나는 자연적으로 내려와야 했다.

내가 한국전쟁에 대하여 더 이상 듣기를 싫어하니 거기에 대하여 전혀 주님의 말씀을 못 듣고 내려왔다.

오호 통재라! 다음부터 그러지 말아야지...

천국에서 토마스 주님을 만나다. 그녀는 내게 베리칩이 666이라는 것을 믿으라 말한다.

(2014. 3. 25)

천국에 올라갔다. 주님과 나는 구름을 탔다.

어디 누구의 집 쪽으로 간다는 느낌을 받았는데 그 집은 녹색의 아주 은은하고 우아한 색깔의 집이었는데 그 집은 마리아의 집이었고 거기서 마리아가 나와서 우리 구름에 편승하였다.

마리아가 주님을 보고 '아빠' 하고 부른다.

그러면 주님은 마리아에게도 하나님이시고 영존하시는 아버지이신 것이다. 주님은 이렇게 말씀하신다. "마리아야 어서 오너라."

또 다른 집으로 가는 길에 숲속에 있는 하얀 옥색 빌딩들이 보이는데 이 집은 베드로의 집이다. 베드로가 나와서 또 구름에 편승하였다.

우리는 구름을 타고 또 다른 집을 향하여 갔는데 사도바울의 집으로 갔다. 근처까지 가니 사도 바울이 나와서 구름에 또 탔다.

우리는 그 다음에 사도 요한의 집 쪽으로 갔다.

사도요한이 나와서 우리 구름에 편승했다.

또 우리는 금으로 된 삭개오의 집에 가까이 가니 삭개오가 나와 구름에 탔다. 마지막으로 우리는 에스더집 근처에 가니 에스더가 나와서 구름에 탔다.

그리고서 우리 모두는 어디로 가냐면 유리 바다위에 있는 다이아몬드로 된 배로 갔다. 이 다이아몬드로 된 배는 내가 이번 3/20-21일 집회 때 모두에게 천국을 선포해 놓고 나도 천국을 올라갔는데 주님이 나를 위하여 이 유리바다에 준비하여 두고 계셨던 것이다. 그리고 내가 천국에서 만났던 믿음의 선진들, 마리아, 베드로, 바울, 에스더, 요한, 삭개오 등이 와서 축하 파티를 해주었던 배였다.

그 배로 우리가 다시 온 것이다.
배 바깥에 다이아몬드로 된 테이블이 놓여 있고 우리 모두가 거기에 앉아서 붉은 주스가 담긴 긴 잔을 들고 건배를 하면서 마셨다. 즉 천국과 지옥 간증집회를 한 나를 다시 한 번 축하해 주는 것이었다. 그리고 나서 주님은 자리를 옮기시기를 원하셨다.
어디로? 회의실로...

우리 모두는 다 회의실에 들어가서 앉았는데 아니나 다를까 테이블 위에 38선이 또렷하게 그려져 있는 한국 지도가 놓여 있는 것이었다.
나는 회의실로 가면 그리고 테이블위에 우리나라 지도만 보면 간이 벌렁벌렁하여지는 것 같은 느낌이다.
나는 내 마음 안에 또 전쟁이야기인가 하면서 그것에 대하여 들고 싶지도 않다고 생각을 하니 주님이 더 이상 그것에 대하여 말씀하지 않으셨다.

오히려 나는 마음으로 주님께 말했다. 주님 저는 주님 보좌 앞에서 오히려 물어볼 것이 많다고 했다.

그러자 나는 곧 주님 보좌 앞에 벌써 엎드려 있었다.

천국에는 이런 것이 곧 바로 가능하다. 그래서 천국이다.

그리고 마음으로 묻는 것이었다.

"주님 제가 천국과 지옥에 대한 간증 책을 꼭 써야하나요?"

엎드려 고개를 푹 숙인채로 묻고 있었다.

그랬더니 주님은 옆에 있는 천사를 시켜서 내가 써야할 책 이전에 말했던 녹색가죽에 금장색 무늬가 있는 책과 또 붉은색에 금장색 무늬가 있는 두 책을 나에게 갖다 주게 하시는 것이었다.

물론 두 책안은 다 백지다. 왜냐하면 내가 아직 책을 안 썼기 때문이다.

그러나 주님이 이 두 책을 지금 내게 주시는 것은 이 책들을 꼭 쓸 것을 말씀하시는 것이다.

그리고 나서 나는 내가 늘 앉는 자리 즉 주님의 보좌 왼쪽 가장 앞쪽으로 천사들이 있는 쪽에 가서 앉았다.

그리고 나는 대뜸 주님께 이렇게 말했다.

"주님 토마스 주남이 보고 싶어요." 라고 했더니

저 입구에서 머리를 방긋이 위로 약간 부채처럼 올린 여인이 나타났는데 푸른 청색 드레스를 입었다. 가슴앞쪽으로는 은색 작은 별들이 박힌 푸른 망사로 장식되어 있는 드레스였다. 그가 토마스 주남이었다.

그녀가 저 입구에서 들어왔다. 그리고 주님께 와서 인사를 드린다.

그런 후에 나에게 말하는 것이었다.

"베리칩이 666인 것을 믿으세요."라고 단호히 말한다.

그리고 나서 그녀는 내 옆에 와서 앉는다. 언제 의자가 생겼는지 내 옆쪽으로 주님께 더 가까운 쪽으로 의자가 금방 하나 생겼다.

그리고 거기 앉아서 내 손을 옆에서 꼭 잡는다. 나를 격려한다는 의미였다. 그리고 나는 내려왔다.

와우.. 내가 오늘 토마스 주남을 천국에서 만나서 베리칩이 666 이라는 말을 듣다니 믿어지지가 않았다. 나는 정말 이것이 진짜인지 믿기지 않았다.

나는 다시 천국에서 토마스 주남을 5~6번 더 확실히 만나보고 나서 전할 이야기이다. 내가 본 것이 맞는지 나는 모르겠다.

왜냐하면 다른 어떤 사람은 토마스 주남이 베리칩이 666이라고 해서 지옥에 와 있다는데 나는 토마스 주남을 천국에서 만나서 그 입으로 베리칩이 666이라는 것을 그것도 주님 앞에서 듣게 되었다. 거기 주님의 보좌 옆에 있는 천사들도 다 들었다.

나도 이전에 직접 주님으로부터 베리칩이 666이라고 들었는데 오늘 주님이 토마스 주남의 입을 사용하여 다시 내게 알려 주신 것이다. 그런데 궁금한 것은 왜 토마스 주남이 청색 드레스를 입고 나타났는가 하는 것이다.

거기에 무슨 특별한 의미가 있는 것인가?

아니면 별 의미가 없는 것인가?

하기야 전에 낙태된 아이들을 건져 목욕시키는 자들을 총괄하는 여인도 녹색깔의 아름다운 드레스를 입고 있었던 것을 기억한다.

또 하나 주님께 죄송스러운 것은 주님은 자꾸 내게 전쟁에 대하여 뭔가 말씀하고 싶으신 것이 있는데 나는 자꾸 그것을 거절한 느낌이 있어서 내가 주님께 불충한 생각이 든다는 것이다.

죄송스럽기까지 하다.

다음에는 전쟁에 대하여 말씀하시고자 해도 거절치 말아야겠다.

할렐루야. 토마스 주남을 천국에서 만나게 하신 주님을 찬양합니다!

[계 13:16-18] (16)저가 모든 자 곧 작은 자나 큰 자나 부자나 빈궁한 자나 자유한 자나 종들로 그 오른손에나 이마에 표를 받게 하고 (17)누구든지 이 표를 가진 자 외에는 매매를 못하게 하니 이 표는 곧 짐승의 이름이나 그 이름의 수라 (18)지혜가 여기 있으니 총명 있는 자는 그 짐승의 수를 세어 보라 그 수는 사람의 수니 육백 육십 륙이니라

토마스 주남은
베리칩이 666이라는 것을
주님이 가르쳐 주셔서 알게
되었다라고 말한다.

(2014. 3. 26)

나는 다시 천국으로 올라가서 주님께 토마스 주남에 대하여 묻고 싶었다. 아니 다시 정확히 말하여 나는 천국에서 다시 토마스 주남을 보고 싶었다.

그것을 아시는지 주님은 늘 나를 데리고 가는 정원 앞 벤치로 인도하신다.

그 벤치에 앉아서 나는 주님께 말했다.

"주님! 토마스 주남이 보고 싶어요." 하고 말하니

주님이 싱긋이 웃으신다. (이 반응은 나에게 매우 중요하다. 왜냐하면 이 자리에서 이전에 어떤 유명한 두 목사님을 보고 싶다하였더니 주님은 얼굴이 찡그려지기도 했고 아니면 벌겋게 변하여 곧 슬퍼서 울음이 나올 것 같은 표정을 내게 보이셨기 때문이다.)

그리고 나서 곧 토마스 주남이 어제께 내가 본 그대로 청색 드레스를 입고서 나타났다. 그리고 주님과 나 사이 중간에 의자에 앉았다. 나는 내 옆에 앉은 토마스 주남에게 물었다.

"어떻게 하여 베리칩이 666인 것을 알게 되었어요?" 라고 그랬더니 토마스 주남이 대답을 한다.

"주님이 가르쳐 주셨어요."

주님은 그 옆에 앉아서 듣고 계셨다.

그렇다 나도 주님이 베리칩이 666인 것을 가르쳐 주셔서 알게 된 것이다 (이것에 대하여서는 나는 벌써 첫 번째 천국과 지옥 간증 책에 썼다).

그런데 토마스 주남도 베리칩이 666인 것을 어떻게 알게 되었냐면 주님이 가르쳐 주셨기 때문에 알았다고 말하는 것이었다. 할렐루야. 나는 이렇게 짧게 천국에 다녀왔다.

토마스 주남이나 나나 주님이 베리칩이 666이라 하여 가르쳐 주셔서 그것이 진짜 666인 것을 알게 된 것이다. 할렐루야. 주님을 찬양합니다.

[계 14:9-11] (9)또 다른 천사 곧 세째가 그 뒤를 따라 큰 음성으로 가로되 만일 누구든지 짐승과 그의 우상에게 경배하고 이마에나 손에 표를 받으면 (10)그도 하나님의 진노의 포도주를 마시리니 그 진노의 잔에 섞인 것이 없이 부은 포도주라 거룩한 천사들 앞과 어린 양 앞에서 불과 유황으로 고난을 받으리니 (11)그 고난의 연기가 세세토록 올라가리로다 짐승과 그의 우상에게 경배하고 그 이름의 표를 받는 자는 누구든지 밤낮 쉼을 얻지 못하리라 하더라

73

내가 천국과 지옥간증을 하는 이유 중 또 하나는 불교인들과 천주교인들을 바르게 돌리기 위함이다.

(2014. 3. 27)

천국에 올라갔다.

주님이 나를 맞아 주시는데 오른쪽 옆에 큰 계단이 높이 있고 하얀 계단들이 있었다. 그리고 그 계단은 무슨 큰 건물 안으로 인도하는 계단이었다.

나는 주님과 같이 어디로 날아가는 것도 아니고 그냥 그 계단을 걸어서 올라갔다. 이런 일은 처음이다.

그런데 이 건물이 도대체 무슨 건물일까? 하는 궁금증이 있었다. 그런데 그 큰 계단 앞에 두 명의 천사가 하얀 수녀복을 입고 머리까지 흰 천으로 두르고 있으면서 검정 가운을 머리 뒤꼭지에서부터 발끝까지 밑으로 길게 내려뜨리고 있었다.

보는 것에서부터 되게 기분이 나빴다. 무슨 천주교 복장도 아니고 이것이 도대체 무엇이지?

옷은 천주교 옷 같은데 뒤의 검은 망토는 꼭 마귀들이 입는 망토 같았다.

아니 도대체 이들이 왜 이런 복장을 하고 그리고 두 명이 바깥에 들어가는 입구 양쪽에 서 있는 것이었다.

그리고 그 안을 들여다보는데 주님은 벌써 내 옆에 안 계셨다.

건물 안에는 불상이 크게 있었다. 왠지 음침했다.

나는 예수의 이름으로 물리쳤다.

안에 더러운 귀신들이 많아 보였다.

계속 예수의 이름으로 물리쳤으나 더러운 영들이 나가는 것 같았는데 보면 다시 큰 불상이 안에 성전 안에 보이는 것이었다.

오 마이 갓! 무슨 천국에 이런 불상이 있나?

불상이 보인 후 또 그 불상이 없어지고 그 자리에 예수 아기를 안은 마리아의 동상이 크게 그곳을 차지하는 모습이 보였다.

즉 천주교에서는 예수님이신 하나님을 작게 아이로 만들어놓고 마리아상을 크게 세워놓고 마리아를 섬기는 것을 알게 하셨다.

그때에 나에게 주님의 음성이 들렸다.

"네가 천국과 지옥 간증을 함으로써 이 모든 것들을 물리칠 수 있느니라."

할렐루야.

즉 주님은 천국에서 일부러 나에게 이러한 기분 나쁜 성전을 보여 주신 것이다.

그 안에 불교를 섬기는 자들 천주교를 섬기는 자들에게 내가 천국과 지옥의 간증을 함으로써 그들이 신앙적으로 바르게 돌아와 하나님을 섬기는데 나를 쓰시겠다는 것이다.

할렐루야.

그러므로 나는 천국과 지옥간증을 하지 아니할 수 없는 것이다.

주님은 토마스 주남을
통하여 베리칩이 666이라는 것을
에스겔서를 가지고 사람들에게
경고하라고 말씀하신다.

(204. 3. 28)

천국에 올라가니 아예 토마스 주남이 청색 드레스를 입은 채 주님 옆으로 서 있었다.

내가 토마스 주남을 다시 만나야겠다고 지상에서 생각한 것을 주님은 알고 계셨다. 나는 너무 반가웠다. 왜냐하면 토마스 주남을 너무 만나고 싶어 했는데 천국에 가니 벌써 주님 곁에 와 있었던 것이다.

그래서 나는 너무 반가워서 주님께 우리 집으로 가자고 했다. 셋이서 내 집에 도착을 했다. 내 집에 도착하니 연못에서 잉어가 뛰어 올라와서 공중에서 즐거운 스텝을 밟듯이 고개를 앞으로 뺐다 뒤로 뺐다 반복하면서 춤을 추는 것이었다.

내 집에 있는 잉어들이 우리가 온 것을 그렇게 기뻐하는 것이었다.

내 정원에 연못 외에 물이 흐르는 시내 즉 작은 도랑 같은 것이 생겼는데 거기 흐르는 시냇물이 생명수 물이었다.

이런 시내들이 다른 믿음의 선진들 집에서도 보았다.

이 시냇물이 생명수강에서 끌어와져서 각 집에 흐르는 것 같았다.

연못 옆에 있는 눈물병이 분홍색 크리스탈 유리병인데 그 병의 맨 밑바닥에 사방으로 팔을 벌리듯이 난 아름다운 진한 녹색 큰 잎들이 생겨나서 그 속에 놓여 있었다. 그래서 그 분홍색 눈물병이 더 아름다워 보이는 것이었다.

그리고 내 현관문 앞에는 하얀 두 날개 달린 흰 옷 입은 두 천사가 현관문 양쪽에 서 있으면서 우리를 맞아 주었다.

주님과 나 토마스 주남은 셋이서 천국에 있는 내 집안으로 들어갔다. 내 집에 있는 테이블과 의자들이 다 금이다.

우리는 거기 앉았다. 저쪽 편에 주님과 토마스 주남이 앉고 이쪽 편에는 내가 앉았다.

그리고 내가 토마스 주남에게 질문을 하는 것이었다.

서울에 있는 어떤 교회에서 베리칩이 666이 아니라고 주장하는 ○○○ 전도사가 있는데 어떻게 생각하냐고 물었다.

그러자 토마스 주남은 나에게 성경구절로 답하여 주었다.

[겔 33:7-9] (7)인자야 내가 너로 이스라엘 족속의 파숫군을 삼음이 이와 같으니라 그런즉 너는 내 입의 말을 듣고 나를 대신하여 그들에게 경고할지어다 (8)가령 내가 악인에게 이르기를 악인아 너는 정녕 죽으리라 하였다 하자 네가 그 악인에게 말로 경고하여 그 길에서 떠나게 아니하면 그 악인은 자기 죄악 중에서 죽으려니와 내가 그 피를 네 손에서 찾으리라 (9)그러나 너는 악인에게 경고하여 돌이켜 그 길에서 떠나라고 하되 그가 돌이켜 그 길에서 떠나지 아니하면 그는 자기 죄악 중에서 죽으려니와 너는 네 생명을 보전하리라

이 말씀을 나에게 준 것은 그 전도사에 대한 직접적인 말보다
우리가 다른 사람들에게 경고하라는 것이다.
베리칩이 666이라고....
그리하여 그것을 받아서 멸망의 길로 가지 말라고....
할렐루야.

천국에서
십자가에 달리신
예수님을 보다

(2014. 3. 29)

천국에 올라갔다.

주님이 머리에 좀 볼록한 듯 한 띠를 이마에 하고 계셨다.

내가 그것이 무엇일까 하고 보고 있는 중에 그것이 가시 면류관으로 바뀌는 것이었다. 그리고 그 단단하고 길이가 긴 가시가 주님의 이마를 찌르고 있음이 보였다 찔린 곳에 피가 엉겨 있었다.

주여! 그러더니 갑자기 내 눈에 십자가에 달리신 예수님이 보이는 것이었다. 나는 주님의 그 극심한 고통이 느껴져서 보고 있는 자체가 신음이었다.

얼마나 그 고통이 실제적으로 느껴지는지 보고 있는 나의 영은 괴로워서 한참을 신음하였다.

그러자 곧 내 눈에 그 주님이 고통스럽게 달려 있는 십자가가 사라지고 부활하신 주님이 하얀 옷을 입고 나타나셨다.

휴~ 얼마나 감사했는지…. 주여!

나는 부활하신 주님의 모습을 보고 너무 기뻐하였다.

오늘 내가 천국에 와서 본 이 광경은 주님이 내가 내일 십자가에서 돌아가신 주님을 설교하는 것을 아시고 미리 나에게 그의 고통을 알게 하신 것이었다.

내일 설교제목이 보혈의 능력이었다.

[히 7:27] 저가 저 대제사장들이 먼저 자기 죄를 위하고 다음에 백성의 죄를 위하여 날마다 제사 드리는 것과 같이 할 필요가 없으니 이는 저가 단번에 자기를 드려 이루셨음이니라

단 한 번에 주님은 우리의 모든 죄를 사하여 주신 것이다.

우리는 그 은혜를 잊지 말아야 할 것이다.

그리고 우리가 사는 그 모든 것이 은혜이다. 우리가 구원받은 모든 것이 그분의 은혜인 것이다.

천국에서 주님이
베리칩이 666이라고
써 주시다.

(2014. 4. 2)

[계 21:5-7] (5)보좌에 앉으신 이가 가라사대 보라 내가 만물을 새롭게 하노라 하시고 또 가라사대 이 말은 신실하고 참되니 기록하라 하시고 (6)또 내게 말씀하시되 이루었도다 나는 알파와 오메가요 처음과 나중이라 내가 생명수 샘물로 목 마른 자에게 값 없이 주리니 (7)이기는 자는 이것들을 유업으로 얻으리라 나는 저의 하나님이 되고 그는 내 아들이 되리라

천국에 올라가는 마차 안에 주님이 벌써 흰 옷 입고 마중을 나오셨다. 천국에 올라가자마자 주님과 나는 벌써 넓고 넓은 구름위에 있다. 구름위에는 하얀 두 날개 달린 어른 천사들과 어린 천사들이 있다.

구름 밑에는 하얀 옷을 입은 사람들이 많이 있다.

나를 환영하며 잘 다녀오라고 한다.

주님과 나는 그 구름을 타고 어디론가 갔는데 우리 밑으로는 숲도 보이고 언덕들도 보였다.

그래서 혹 지구인가? 했는데 아니다.

우리가 가는 곳은 큰 스테인레스 스틸처럼 생긴 원통처럼 생긴 아주 큰 건물이었다.

저것이 무엇일까?

주님이 마음으로 알게 하여 주신다.

저곳을 네가 관리하게 될 것이라고....

아니 도대체 저곳이 뭐하는 곳인데 내가 관리해야 하는 곳이지?

생기기가 좀 평범하게 생기지 않아 좀 어색했다. 나중에 알게 되었는데 그 원통 스테인레스 건물은 그 안에 각종 아이들이 놀 수 있는 체육관이었다.

놀이 기구들도 함께 있는. 아직 건축중이라 이 때는 안을 구경시켜 주시지 않은 것을 나중에 주님과 두세 번 더 이곳에 옴으로써 알게 되었다.

그래서 안 것인데 우리가 온 곳이 지구가 아니라 천국임을 알게 되었다.

그 다음 주님과 나는 늘 가는 벤치와 정원이 있는 곳으로 갔다.

나는 여기서 최근에 돌아가신 대형교회 OOO목사님과 OOO목사님에 대하여 물어보았던 곳이다. 그들은 다 지금 천국에 없다.

우리가 앉아 있으니까 곧 토마스 주남이 도착했다.

우리 셋은 벤치 옆에 삼각형으로 의자를 놓고 마주 보고 앉았다.

나는 아직도 베리칩에 대하여 질문이 있음을 두 분은 알고 있다.

그래서 한참 동안 두 분이서 말씀을 안 하신다. 왜냐하면 벌써 나에게 세 번씩이나 베리칩이 666이라는 것을 두 분이서 말을 했었는데도 나는 아직도 더 확인을 하고 싶어 하였기 때문이다. 그러므로 두 분 다 더 이상 말을 안 하신다.

그러나 나 또한 한 번 더 그들과 확인하고 싶은 마음을 포기할 수가 없었다. 그래서 나도 말없이 한참을 앉아 있었다.

결국 주님은 나의 마음을 아셨는지 아예 종이에 써서 주신다.

이럴 때 종이와 펜은 갑자기 주님 손에 들려 있었다.

주님은 이렇게 쓰셨다.

"이제도 있고 전에도 있었고 장차 올 자가 말하노라. 베리칩은 666이니라."

할렐루야! 나는 그것을 받아서 내려온 것이다.

주님 이제 정말 알겠습니다. 의심하지 않겠습니다.

그리고 감사합니다.

그리고 이제는 그것에 대하여 더 이상 묻지 않겠습니다.

그러자 토마스 주남이 일어선다. 그리고 말한다.

"저는 이만 가보겠습니다." 하고 자리를 떴다.

주님과 나만 남았다. 주님이 가볼 곳이 있다고 하신다.

그러면서 작은 구름을 불러 탔다.

나는 즐거웠다.

주님이 나에게 가볼 곳이 있다 하시면 늘 기대가 되면서 기분이 즐겁다.

그런데 우리가 간 곳은 아까 간 곳이었다.

그 원통처럼 생긴 스테인레스 스틸처럼 바깥벽이 그렇게 생긴 곳에 다시 왔다.

그리고 우리는 그 들어가는 입구 문 앞에 도착했다.

문 밖에 천사 한 명이 보인다.

그리고 안에서 흰 옷 입은 한 사람이 나오더니 아직 준비가 안
되었다고 주님께 말했다. 나는 모른다. 무엇이 준비가 안 되었는
지를...... 나에게 아직 알려져 있지 않았다.

그리고 주님과 나는 주님의 보좌로 이동했다.

주님의 보좌 앞에서 나는

"주님! 제가 천국과 지옥 간증집회를 해야 하나요?" 라고 물었다.

"주님! 어떡해요. 힘주세요." 하고 엎드려 있으니 주님 오른편에
에스더가 보인다.

내게 금홀 같은 것을 내밀고 나에게 말하기를 죽으면 죽으리랏
다 라고 해야 한다고......

바울도 나타났다.

그는 말하기를 천국과 지옥 간증 집회하면서 축사와 신유사역도
해야 한다는 것이다.

할렐루야.

주님은 오늘 나에게 많은 것을 말씀하셨다.

감사 감사! 또 감사!

천국에서는
나의 영의 감정을
확실히 알게 된다.

(2014. 4. 2)

　천국과 지옥에 대한 간증 제 1 권을 총 정리하다가 잠자리에 누웠다.

　그리고 천국에 올라갔다.

　올라갈 때부터 나를 데리러 온 천사들이 머리에 이쁜 빨갛고 분홍색의 진주알로 된 장식을 머리에 하고 있다.

　천국 문에 들어서니 주님도 머리에 그런 빨간 분홍색의 진주알 장식을 머리에서 부터 이마에 이쁘게 장식하고 계셨다.

　아니 나도 그렇다.

　나는 두 손목에도 그런 장식을 하고 있었다.

　그리고 나는 주님과 함께 미끄러지듯이 연회장으로 들어섰다.

　음악에 맞추어 주님과 함께 째즈 왈츠를 한없이 추는 것이었다.

　아니 다른 말로 주님이 나를 잡고 춤을 춘다고 해야 옳다.

　나는 오늘 주님과 춤을 출 생각을 전혀 예상하지 않고 있었다.

　나의 영은 주님과 함께 춤을 추면서 너무 기뻐하고 있었다.

　할렐루야.....

왜? 주님이 나와 함께 이렇게 즐겁게 기쁘게 이렇게 춤을 추시지? 라고 생각하니 그냥 알아진다.

즉 주님은 내가 천국과 지옥 간증 책을 내는 것을 너무 기뻐하시는 것이었다. 할렐루야.

그것을 나에게 표현하신 방법이 그렇게 나를 붙들고 째즈와 왈츠를 한참동안 추신 것이었다.

나는 한 번도 째즈를 춰 본적도 없고 왈츠를 춰 본적도 없다.

그런데 주님과 내가 정말 얼마나 잘 추는지…. 완전히 주님과 나는 꼭 세계적인 춤 잘추는 프로들이 추는 것처럼 그렇게 능숙하게 몸을 놀리면서 춤을 추었던 것이다.

내가 천국에 오면 나는 내 영이 오는 것이므로 나의 영이 어떤 상태인지 금방 알게 된다.

근심하는지

슬퍼하는지

기뻐하는지….

그런데 나의 육신의 감정은 아무 감정도 없고 별로 모르겠는데

천국에서의 나의 영은 내 감정이 너무나 확실하게 표현되어 알았다. 이것은 나의 육신의 감정과 내 영의 감정이 확실히 틀린 것을 의미한다.

때로는 영으로는 아주 기쁜데 육신은 매우 괴로워하는 때도 있다.

즉 정반대로 경험한 때도 있었다.

한마디로 육신의 감정과 영의 감정이 너무 틀리다는 것이다.

그래서 우리 안에는 두 인격 즉 우리 영의 인격과 육신의 인격이

확실히 따로 존재한다는 것을 알 수 있다.

할렐루야!

[롬 8:5-8] (5)육신을 좇는 자는 육신의 일을, 영을 좇는 자는 영의 일을 생각하나니 (6)육신의 생각은 사망이요 영의 생각은 생명과 평안이니라 (7)육신의 생각은 하나님과 원수가 되나니 이는 하나님의 법에 굴복치 아니할 뿐 아니라 할 수도 없음이라 (8)육신에 있는 자들은 하나님을 기쁘시게 할 수 없느니라

[롬 8:12-14] (12)그러므로 형제들아 우리가 빚진 자로되 육신에게 져서 육신대로 살 것이 아니니라 (13)너희가 육신대로 살면 반드시 죽을 것이로되 영으로써 몸의 행실을 죽이면 살리니 (14)무릇 하나님의 영으로 인도함을 받는 그들은 곧 하나님의 아들이라

아멘! 주 예수여 오시옵소서!

후기

나는 이번으로 천국 지옥 간증집 두 권을 내 놓았다.

주님이 모든 것을 하셨음을 고백한다.

천국과 지옥을 보여 주신 것도 주님이 하셨다.

그리고 책을 쓰게 된 것도 주님이 쓰라 하셔서 쓴 것이다.

주님은 이 두 책을 통하여 뜻이 하늘에서 이루어진 것처럼 땅에서도 이루어지기를 원하셔서 이 책들을 쓰게 하신 것을 믿는다.

많은 사람들은 성경 말씀만 믿고 잘하면 되지 무슨 천국과 지옥이냐 라고 말한다.

나는 안 보고도 잘 믿는다 라고 말한다. 맞는 말이다. 안 보고도 정말 성경말씀이 잘 믿어져서 신앙생활 잘하면 된다. 그러나 나의 경우는 천국과 지옥을 봄으로써 나의 신앙은 더욱 더 실제가 되어졌음을 고백한다. 왜냐하면 예수님뿐만 아니라 성경에 나오는 믿음의 선진들을 천국에서 만나서 그들과 직접 이야기할 수 있었기 때문이다.

그리고 실제로 더 중요한 것은 주님께서 이 두 간증책을 통하여 이 시대에 꼭 알맞은 메시지를 이 시대에 사는 자들에게 전하시기를 원하셨다는 것이다.

나는 또 주님과 이들을 천국에서 곧 만나게 될 것을 믿는다.

주님은 나로 하여금 이 천국과 지옥 간증으로 끝나게 하지 아니하셨다.

주님은 또한 천국에서 믿음의 선진들을 만나서 성경의 궁금한 것들도 물어보게 하셨다.

그리하여 나로서 성경의 이해하기 힘든 부위들 도저히 성경을 몇십 번을 읽어도 모르겠던 그런 부위들이 천국에서 풀리게 하신 것이다. 주님은 이 또한 책으로 써 내기를 원하셨다.

어쨌든 나는 오직 주님의 도구일 뿐이다.

주님이 하라시는 일을 할 뿐인 것이다.

욕심도 없다. 왜냐하면 성령의 일을 육체로 마쳐서는 안 되기 때문이다.

우리는 어디까지나 주님이 다 하셨고 우리는 늘 무익한 종으로 남아야 한다.

주님이 말씀하신다.

[계 22:12-13] (12)보라 내가 속히 오리니 내가 줄 상이 내게 있어 각 사람에게 그의 일한 대로 갚아 주리라 (13)나는 알파와 오메가요 처음과 나중이요 시작과 끝이라

또한 우리는 주님이 곧 우리를 휴거하실 시점에 살고 있음을 알아야 할 것이다.

왜냐하면 주님은 나에게 개인적으로 '휴거를 준비하라.' 말씀하셨다.

이 말씀은 내가 살아 있는 동안에 곧 오신다는 이야기이다.

우리가 살고 있는 지금 현 시점은 성경대로 주님이 곧 오실 것을 말하고 있다.

끝으로 나는 주님이 우리에게 주신 말씀을 생각하여 본다.

[살전 5:16-23] (16)항상 기뻐하라 (17)쉬지 말고 기도하라 (18)범사에 감사하라 이는 그리스도 예수 안에서 너희를 향하신 하나님의 뜻이니라 (19)성령을 소멸치 말며 (20)예언을 멸시치 말고 (21)범사에 헤아려 좋은 것을 취하고 (22)악은 모든 모양이라도 버리라 (23)평강의 하나님이 친히 너희로 온전히 거룩하게 하시고 또 너희 온 영과 혼과 몸이 우리 주 예수 그리스도 강림하실 때에 흠 없게 보전되기를 원하노라

아멘!

그러므로 염려하여 이르기를 무엇을 먹을까 무엇을 마실까 무엇을 입을까 하지 말라 이는 다 이방인들이 구하는 것이라 너희 천부께서 이 모든 것이 너희에게 있어야 할 줄을 아시느니라 너희는 먼저 그의 나라와 그의 의를 구하라 그리하면 이 모든 것을 너희에게 더하시리라 [마 6:31-33]

천국과 지옥 간증 책을 한글로 또 영어로도 펴내어져서 전세계적으로 복음의 도구가 될 수 있도록 여러분의 재물적인 후원이 필요합니다.

또 천국과 지옥 간증 집회를 통하여서도 많은 영혼들이 회개하고 구원받을수 있도록 여러분들의 후원이 필요합니다.

은혜받으신만큼 성령께서 인도하시는 대로 많은 영혼들이 구원받을 수 있도록 여러분의 정성어린 후원을 부탁드립니다.

※ 후원하신 모든 금액은 하나님나라 확장과 영혼구원사역에만 쓰여집니다.

___

후원계좌 :
  Paypal Account : lordslovechristianchurch@yahoo.com

은행구좌 (Bank account) :
  Lord's Love Christian Church
  Bank of America
  구좌번호 (Account #) : 000591241801
  은행고유번호(Routing #) : 121000358
  zip code: 90015

미국연락처 :
  Tel : 323-702-1529
  E-mail : sarahseoh@ymail.com

주님이 하셨습니다.
　　모든 영광을 주님께..

서사라 목사의 천국과 지옥 간증수기 (제2권)

초판인쇄　　2014년 9월 17일
초판발행　　2014년 9월 22일
　　4쇄　　2022년 8월 12일

저　　자　　서사라
펴 낸 이　　최성열
디 자 인　　심현옥
펴 낸 곳　　하늘빛출판사
연 락 처　　043-537-0307, 010-2284-3007
출판등록　　제 251-2011-38호
주　　소　　충북 진천군 진천읍 중앙동로 16
총　　판　　하늘유통,　031-947-7777
이 메 일　　csr1173@hanmail.net7
I S B N　　978-89-969185-4-7 (03230)
가　　격　　12,000원